The *Big* Acoustic Guitar Chord Songbook Platinum

D1343819

Exclusive distributors:
Music Sales Limited
8/9 Frith Street, London W1D 3JB, England.
Music Sales Pty Limited
120 Rothschild Avenue Rosebery, NSW 2018,
Australia.

Order No. AM968726 ISBN 0-7119-8653-3

Cover and book design by Chloë Alexander
Compiled by Nick Crispin

Printed in the United Kingdom by
Caligraving Limited, Thetford, Norfolk.

Wise Publications
London/New York/Sydney/Paris/Copenhagen/Madrid/Tokyo

Relative Tuning

The guitar can be tuned with the aid of pitch pipes or dedicated electronic guitar tuners which are available through your local music dealer. If you do not have a tuning device, you can use relative tuning. Estimate the pitch of the 6th string as near as possible to E or at least a comfortable pitch (not too high, as you might break other strings in tuning up). Then, while checking the various positions on the diagram, place a finger from your left hand on the:

5th fret of the E or 6th string and **tune the open A** (or 5th string) to the note (A)

5th fret of the A or 5th string and **tune the open D** (or 4th string) to the note (D)

5th fret of the D or 4th string and **tune the open G** (or 3rd string) to the note (G)

4th fret of the G or 3rd string and **tune the open B** (or 2nd string) to the note (B)

5th fret of the B or 2nd string and **tune the open E** (or 1st string) to the note (E)

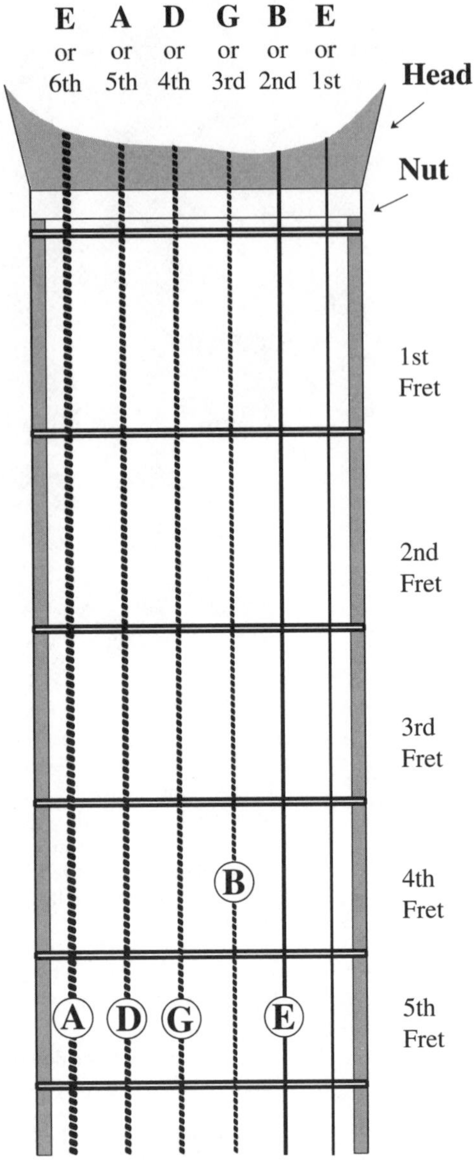

Reading Chord Boxes

Chord boxes are diagrams of the guitar neck viewed head upwards, face on as illustrated. The top horizontal line is the nut, unless a higher fret number is indicated, the others are the frets.

The vertical lines are the strings, starting from E (or 6th) on the left to E (or 1st) on the right.

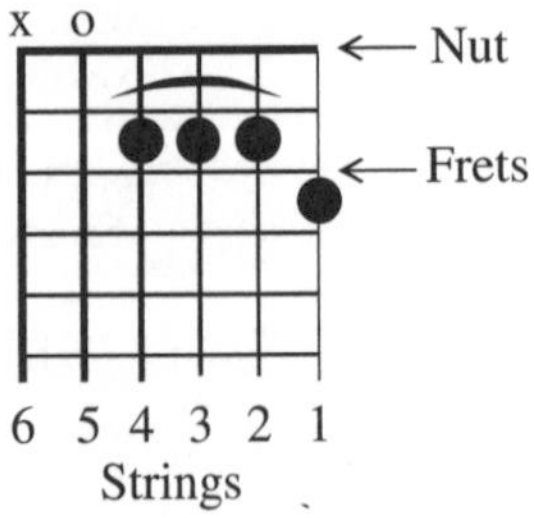

The black dots indicate where to place your fingers.

Strings marked with an O are played open, not fretted. Strings marked with an X should not be played.

The curved bracket indicates a 'barre' – hold down the strings under the bracket with your first finger, using your other fingers to fret the remaining notes.

All I Need

Words & Music by
Beth Hirsch, Jean-Benoit Dunckel & Nicolas Godin

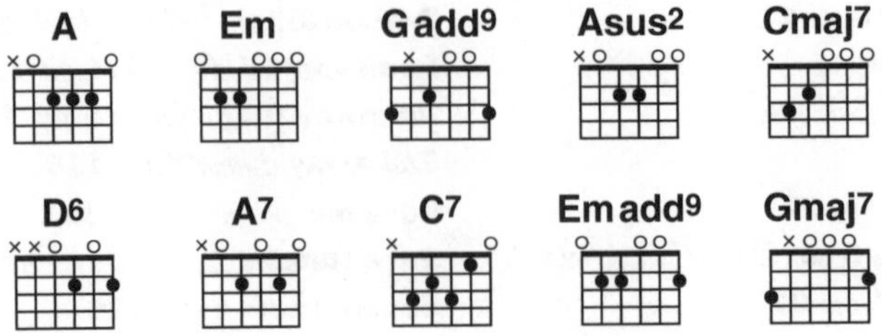

Capo third fret

Intro
| A | Em | Gadd9 Asus2 |
| Em | A | Em | Gadd9 Asus2 ||

Verse 1

Em A
All I need is a little time
Em Gadd9 Asus2
To get behind this sun and cast my weight.
Em A
All I need's a peace of this mind,
Em Gadd9 Asus2
Then I can celebrate. ________

Pre-chorus 1

Em A
All in all there's something to give,
(All in all there's something to give,)
Em Gadd9 A
All in all there's something to do,
(All in all there's something to do,)
Em A
All in all there's something to live
Em Gadd9 Asus2
With you, ________
Cmaj7 D6
With you. ______

Chorus 1

```
                Em          A7
How, ____ way. ____
C7               Em          A7
   How, ____ way, ____ ay.
C7               Em          A7   C7
   How, ____ way. ____

| (Cmaj7)  | (D6)       ||
```

Verse 2

```
N.C.                        A7
All I need is a little sign
   Em                                       Gadd9    Asus2
To get behind this sun and cast this weight of mine.
Em                          A
All I need's the place to find,
                Em          Gadd9  Asus2
And there I'll celebrate. __________
```

Pre-chorus 2 As Pre-chorus 1

Chorus 2 As Chorus 1

Bridge

```
               A        Em | Gadd9  Asus2 |
All I need. ______

|: Emadd9 | A        | Emadd9 | Gmaj7  A  :| Play 3 times

| Em      | C        | D      |

|: Em     | A7  C7   | Em     | A7  C7  :|
```

Chorus 3

```
              Em         A7
How, ____way. ____
C7              Em          A7
   How, ____way, ____ ay.
C7              Em        A7
   How, ____way. ____
C7              Em          A7   C7
   How, ____way, ____ ay.
```

Coda

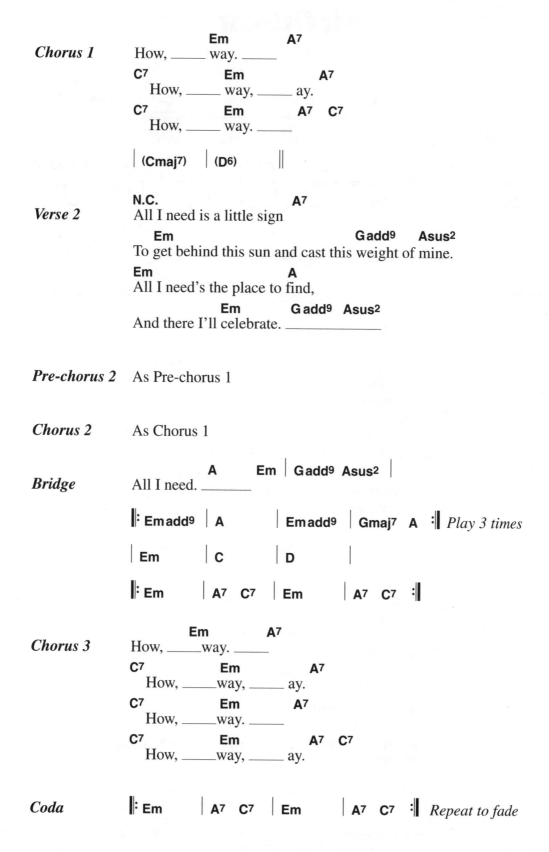

```
|: Em     | A7  C7   | Em     | A7  C7  :| Repeat to fade
```

Air Guitar

Words & Music by
Ben Parker & Jason Hazeley

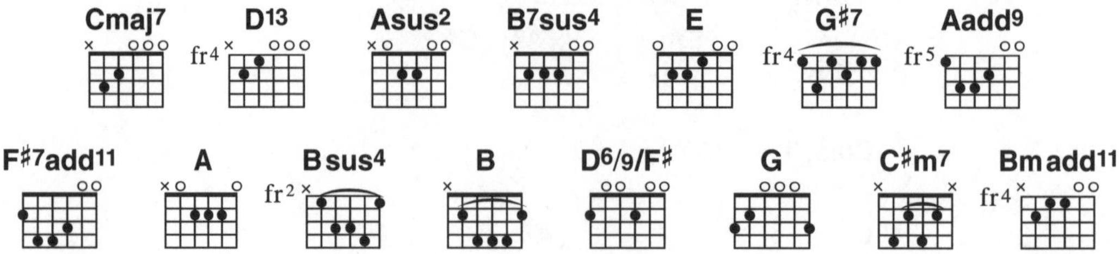

Tune guitar down one and a half tones for the original recording

```
Intro      | Cmaj7  D13 | Asus2  B7sus4 | Cmaj7  D13 | Asus2  B7sus4 |

           | Cmaj7  D13 | E             | E          |


             E                    G♯7               Aadd9
Verse 1        The night felt crazy hanging round my ears,
                       F♯7add11
             I aim to please.
                  A       Asus2      Bsus4  B       E
             The secret sound, by a mill  -  ion light years,
                                G♯7             Aadd9
             Best performance of my whole career
                       F♯7add11
             Or so it seemed
                  A         Asus2  Bsus4 B     E          D6/9/F♯   G  E
             You messed it up and left me out to freeze. __________


                   A
Chorus 1     Please don't look at me
               E                   F♯7add11  A    Asus2
             It wasn't you I wanted, it      was us. ______
                   A            Asus2
             Please don't look at me
                 E         F♯7add11
             On  solo air guitar,
                A    B       Cmaj7  D13  Asus2   B7sus4  Cmaj7  D13  E
             On solo air guitar, ______________ ar. _______________
```

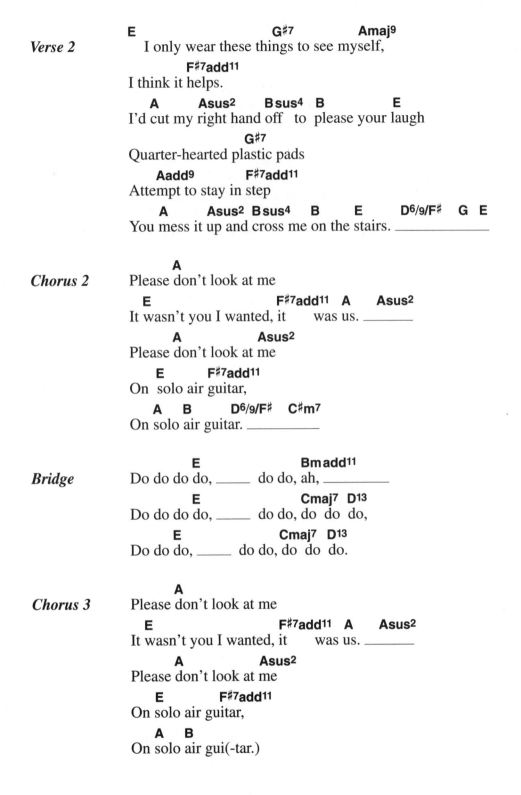

```
             E                        G#7              Amaj9
Verse 2        I only wear these things to see myself,
                     F#7add11
             I think it helps.
                 A        Asus2     Bsus4  B           E
             I'd cut my right hand off  to please your laugh
                                  G#7
             Quarter-hearted plastic pads
                  Aadd9          F#7add11
             Attempt to stay in step
                  A        Asus2 Bsus4   B       E       D6/9/F#   G  E
             You mess it up and cross me on the stairs. ____________

                      A
Chorus 2     Please don't look at me
               E                         F#7add11   A     Asus2
             It wasn't you I wanted, it       was us. ______
                      A            Asus2
             Please don't look at me
                 E         F#7add11
             On  solo air guitar,
                 A   B      D6/9/F#   C#m7
             On solo air guitar. _________

                         E                Bmadd11
Bridge       Do do do do, ____  do do, ah, ________
                         E                Cmaj7  D13
             Do do do do, ____  do do, do  do  do,
                      E               Cmaj7  D13
             Do do do, ____  do do, do  do  do.

                      A
Chorus 3     Please don't look at me
               E                         F#7add11   A     Asus2
             It wasn't you I wanted, it       was us. ______
                      A            Asus2
             Please don't look at me
                 E          F#7add11
             On solo air guitar,
                 A   B
             On solo air gui(-tar.)
```

Chorus 4

```
  A
{ Please don't look at me
{ (-tar.)

    E                       F♯7add11   A      Asus2
  It wasn't you I wanted, it was us.

          A            Asus2
  Please don't look at me

      E         F♯7add11
  On solo air guitar,

      A    B        Cmaj7  D13   Asus2    B7sus4  Cmaj7  D13  Asus2
  On solo air guitar, ______________ ar. ____________________

  B7sus4 Cmaj7  D13  Asus2    B7sus4  Cmaj7  D13  Asus2
  Air guitar, ______________ ar. ________________
```

Coda

| E | F♯7add11 | A B7sus4 | E ‖

Babylon

Words & Music by
David Gray

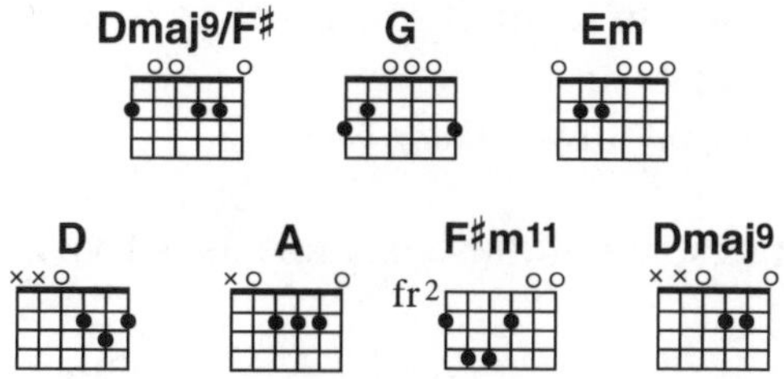

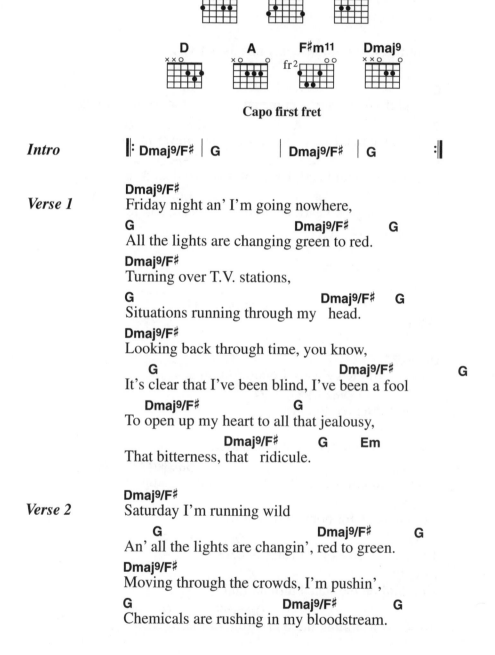

Capo first fret

Intro ‖: Dmaj9/F♯ | G | Dmaj9/F♯ | G :‖

Verse 1
```
Dmaj9/F♯
Friday night an' I'm going nowhere,
G                            Dmaj9/F♯      G
All the lights are changing green to red.
Dmaj9/F♯
Turning over T.V. stations,
G                              Dmaj9/F♯     G
Situations running through my   head.
Dmaj9/F♯
Looking back through time, you know,
   G                               Dmaj9/F♯            G
It's clear that I've been blind, I've been a fool
   Dmaj9/F♯                 G
To open up my heart to all that jealousy,
                 Dmaj9/F♯       G       Em
That bitterness, that   ridicule.
```

Verse 2
```
Dmaj9/F♯
Saturday I'm running wild
    G                              Dmaj9/F♯        G
An' all the lights are changin', red to green.
Dmaj9/F♯
Moving through the crowds, I'm pushin',
G                          Dmaj9/F♯          G
Chemicals are rushing in my bloodstream.
```

```
            Dmaj9/F#
cont.       Only wish that you were here,
                         G                               Dmaj9/F#   G
            You know I'm seein' it so clear; I've been afraid
              Dmaj9/F#
            To show you how I really feel,
              G                            Dmaj9/F#           G
            Admit to some of those bad mistakes I've made.

            D                  A               Em               F#m11
Chorus 1      And if you want it,  come an' get it,  for cryin' out loud.
            D                  A              Em          G
              The love that I was  givin' you was  never in  doubt.
            D               A                       Em            A
              Let go of your heart, let go of your head, and feel it  now.
            D               A                       Em            A
              Let go of your heart, let go of your head, and feel it  now.
                Dmaj9/F#   G
            Babylon,
                Dmaj9/F#   G
            Babylon,
                Dmaj9/F#   G          Dmaj9/F#   G
            Babylon.

            Dmaj9/F#                      G
Verse 3     Sunday, all the lights of London shining,
                          Dmaj9/F#      G
            Sky is fading red to blue.
            Dmaj9/F#
              Kickin' through the autumn leaves
                G                                Dmaj9/F#       G
            And wonderin' where it is you might be  going to.
            Dmaj9/F#
            Turnin' back for home, you know,
              G                          Dmaj9/F#    G
            I'm feeling so alone, I can't believe.
            Dmaj9/F#                     G
            Climbin' on the stair I turn around
                                        Dmaj9/F#       G
            To see you smiling there in  front of me.
```

```
               D                          A                    Em                F#m11
*Chorus 2*       And if you want it,   come and get it,   for crying out loud,
               D                          A                  Em          G
                 The love that I was   giving you was   never in   doubt.
               D                        A                       Em               A
                 Let go of your heart, let go of your head, and feel it   now.
               D                       A                      Em                A
                 Let go of your heart, let go of your head, and feel it   now.

               D                       A                       Em               A
*Chorus 3*       Let go of your heart, let go of your head, and feel it   now.
               D                       A                       Em               A
                 Let go of your heart, let go of your head, and feel it   now.
                   Dmaj9/F#   G
               Babylon,
                   Dmaj9/F#   G
               Babylon,
                   Dmaj9/F#   G
               Babylon,
                   Dmaj9/F#   G
               Babylon,
                   Dmaj9/F#   G             Dmaj9/F#   Dmaj9
               Babylon.
```

Baby One More Time

Words & Music by
Max Martin

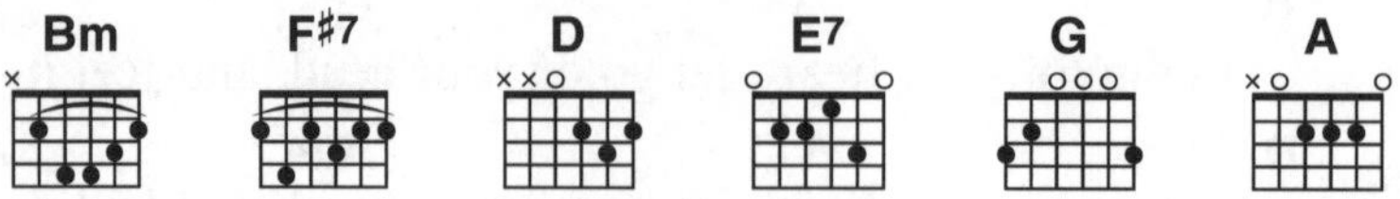

Intro ‖: Bm | F♯7 | D | E7 F♯7 :‖

Verse 1
```
Bm                          F♯7                  D
   Oh baby, baby, how was I supposed to know
    E7                    F♯7
That something wasn't right here?
Bm                     F♯7                     D
   Oh baby, baby, I shouldn't have let you go
    E7                    F♯7
And now you're out of sight.
```

Pre-chorus 1
```
Bm                               F♯7
Show me what you want it to be,
          D                        E7              F♯7
Tell me baby 'cause I need to know now, just because:
```

Chorus 1
```
Bm                     F♯7
   My loneliness is killing me
         D
And I,   I must confess
  E7          F♯7        Bm
I still believe,   still believe
                           F♯7
If I'm not with you I lose my mind.
                 D
Give me a sign,
E7            F♯7
Hit me baby one more time.
```

```
                 Bm                     F♯7                D
Verse 2            Oh baby, baby, the reason I breathe is you:
                 E7                    F♯7
                 Girl, you've got me blind.
                 Bm                         F♯7               D
                   Oh pretty baby, there's nothing that I wouldn't do,
                    E7              F♯7
                 It's not the way I planned.

                 Bm                          F♯7
Pre-chorus 2     Show me how you want it to be,
                       D                           E7          F♯7
                 Tell me baby 'cause I need to know now, just because:


Chorus 2         As Chorus 1

                 Bm                        F♯7                  D      E7  F♯7
Bridge             Oh baby, baby,  how was I supposed to know?
                 G                     A                        G     E7
                   Oh pretty baby, I shouldn't have let you go. ___
                 F♯7     Bm                     F♯7                   D
                 I must confess that my loneliness is killing me now.
                         E       F♯7     G
                 Don't you know I still believe
                                   A
                 That you will be here,
                                 G
                 Just give me a sign,
                 E7         F♯7
                 Hit me baby one more time.

                 N.C.            F♯7
Chorus 3         My loneliness is killing me
                      D
                 And I,  I must confess
                   E7        F♯7      Bm
                 I still believe,  still believe
                                      F♯7
                 If I'm not with you I lose my mind.
                             D
                 Give me a sign,
                 E7          F♯7               Bm
                 Hit me baby one more time.
```

Black Jesus

Words & Music by
Erik Schrody

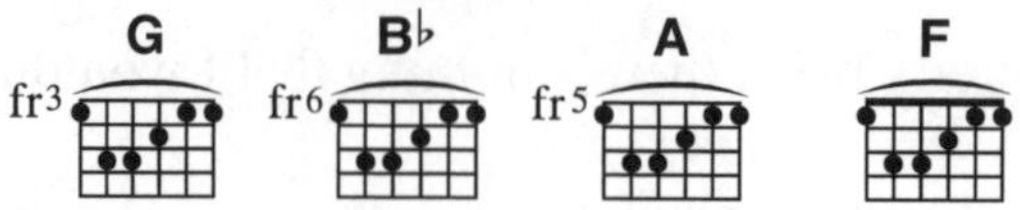

Intro | G B♭ | A F | G B♭ | A F ||

Verse 1

G B♭
They call me white Devil, black Jesus.
A F
Heaven closes, Hell freezes.
G B♭
Ego's trippin', scripts keep flippin',
A F
Bloods keep bloodin', crips keep crippin'.
G B♭
Time keeps slippin' and I keep fallin',
A F
I can't see but I hear them callin'.
G B♭
Ballers ballin', players playin',
A F
Haters fightin', righteous prayin'.
G B♭
Don't break in, Manhattan keep makin',
A F
Brooklyn keep takin' , shook ones keep shakin'.
G B♭
No time for fakin' know what I mean,
A F
I ain't choppin' no bars, just risin' like cream,
G B♭
If you diggin' the scene, you feelin' the vibes,
A F
Throw your hands in the air, scream, are you alive?

Chorus 1

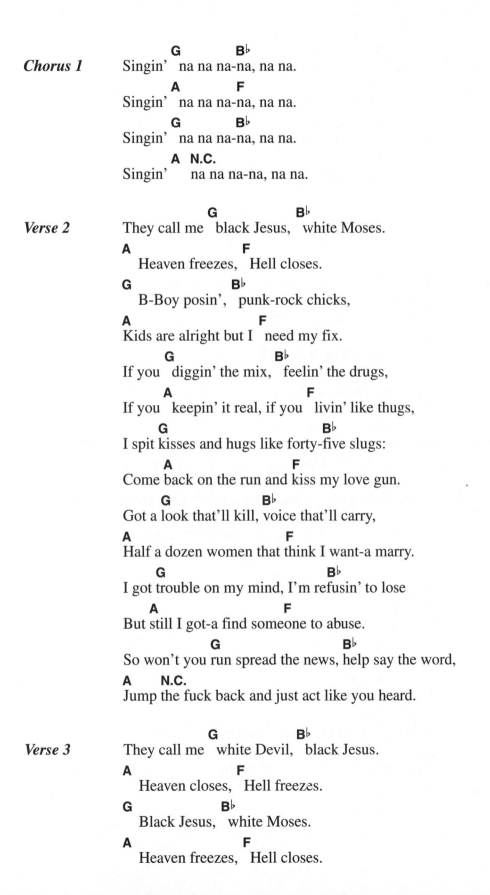

G B♭
Singin' na na na-na, na na.
A F
Singin' na na na-na, na na.
G B♭
Singin' na na na-na, na na.
A N.C.
Singin' na na na-na, na na.

Verse 2

G B♭
They call me black Jesus, white Moses.
A F
Heaven freezes, Hell closes.
G B♭
B-Boy posin', punk-rock chicks,
A F
Kids are alright but I need my fix.
G B♭
If you diggin' the mix, feelin' the drugs,
A F
If you keepin' it real, if you livin' like thugs,
G B♭
I spit kisses and hugs like forty-five slugs:
A F
Come back on the run and kiss my love gun.
G B♭
Got a look that'll kill, voice that'll carry,
A F
Half a dozen women that think I want-a marry.
G B♭
I got trouble on my mind, I'm refusin' to lose
A F
But still I got-a find someone to abuse.
G B♭
So won't you run spread the news, help say the word,
A N.C.
Jump the fuck back and just act like you heard.

Verse 3

G B♭
They call me white Devil, black Jesus.
A F
Heaven closes, Hell freezes.
G B♭
Black Jesus, white Moses.
A F
Heaven freezes, Hell closes.

```
                         G              B♭
Chorus 2      Singin'   na na na-na, na na.
                         A              F
              Singin'   na na na-na, na na.
                         G              B♭
              Singin'   na na na-na, na na.
                         A              F
              Singin'   na na na-na, na na, singin':


Link 1        | G      | F      | G      | F      ||


                             G                  B♭
Verse 4       They call me   white sinner,   black martyr,
              A              F
                Live wire,   fire-starter,
              G                  B♭
                Jungle brother,   red-neck cracker,
              A                F
                Freak of nature,   New-World slacker.
              G                  B♭
                Sex junkie lookin' for a dealer.
              A                                     F
              You can play the leper girl and I can play the healer.
                   G                                   B♭
              Shit is only gettin' realer, baby haven't you heard?
                     A     N.C
              That the bird, bird, bird, yes the bird is the word.


                  G                         B♭
Verse 5       It go one for the treble, two for the times,
                  A                              F
              And three for my homies and four for the dimes.
                     G                                    B♭
              Singin' lemons to the limes to the break of dawn,
                     A    N.C.
              Excuse me (six minutes) everlast you on.
                       G                     B♭
              And it go on and on like a rolling stone, baby,
              A              F
              Anywhere I lay my hat is my home.
```

Verse 6

G Bb
They call me white Devil, black Jesus.

A F
Heaven closes, Hell freezes.

G Bb
Black Jesus, white Moses.

A F
Heaven freezes, Hell closes.

Chorus 3

G Bb
‖: Singin' na na na-na, na na.

A F
Singin' na na na-na, na na. :‖ *Play 3 times*

G Bb
Singin' na na na-na, na na.

A N.C.
Singin' na na na-na, na na.

Chorus 4

G Bb
‖: Singin' na na na-na, na na.

A F
Singin' na na na-na, na na. :‖ *Play 3 times*

Coda

N.C.
‖: Singin' na na na-na, na na. :‖ *Play 4 times*

Climbing To The Moon

Words & Music by
Mark Everett

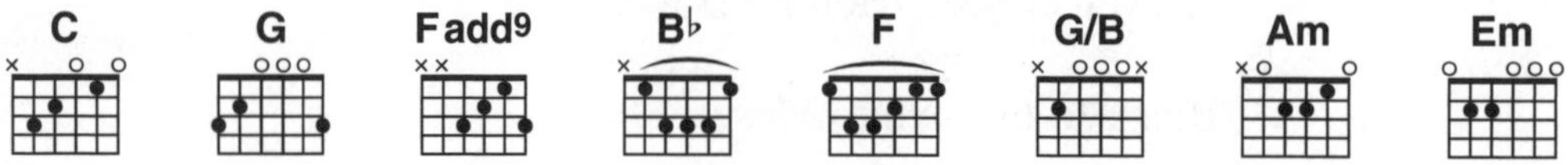

Capo third fret

```
Intro        | C       | G       | C       | G       ||

             C                          G
Verse 1        So I wrote it all in a letter
             C                            G
               But I don't know if it came.
             Fadd9                       C
               The nurse she likes my writing
             Fadd9                    C
               So she keeps it just like me,
                    B♭            F
             So that it won't get away.

             C          F              C
Chorus 1       I won't be denied this time
                    F              C        G/B
             'Fore I go out of my mind over matters,
                    Am
             Got my foot on the ladder
                   F           G          Em      Am
             And I'm climbing up to the moon.

Link 1       | F   G  | C       | G       ||

             C                                  G
Verse 2        Got a sky that looks like heaven,
             C                                G
               Got an earth that looks like shit,
             Fadd9                        C        Fadd9
               And it's getting hard to tell where   what I am ends
                   C                      B♭    F     G
             And what they're making me begins.
```

Chorus 2

```
C            F                 C
   I won't be denied this time
         F                     C          G/B
'Fore I go out of my mind over matters,
           Am
Got my foot on the ladder
      F                   G              Em    Am       | F    G ||
And I'm climbing up to the moon.
```

Bridge

```
Em                    Am
   Saturday in the yard
F                       C
   They'll bring you by,
Em                      Am
   We'll lay down on the grass
      B♭               F
And watch as the sky closes (in).
```

Link 2

```
| C   F  | C   F  | C  G/B  Am | F    G  |
  in.
```

Chorus 3

```
C            F                 C
   I won't be denied this time
         F                     C          G/B
'Fore I go out of my mind over matters,
           Am
Got my foot on the ladder
         F                G             Em    Am
And I'm climbing up to the moon,
F               G            Em     Am
   Climbing up to the moon.
```

Coda

```
| F   G  | Em  Am | F   G   | Em  Am |

| F   G  | Em  Am | F   G   | Em  Am | F   G ||
                                        Fade out
```

Comedy

Words & Music by
Michael Head

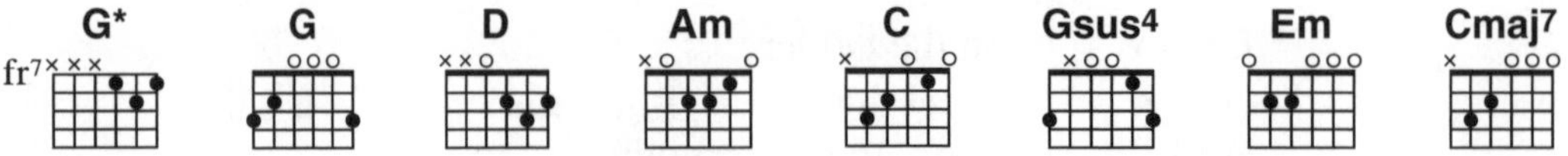

Intro ‖: G* | G* | G* | G* :‖

| D | D | Am | C | G | G Gsus4 ‖

Verse 1

```
G
   Oh the awful title belies the quality
D                      Am
   Of this unusual   comedy,
C                       G
   It's the same for   you and me.

And the days and nights you remembered me
D                           Am              C
   The walls I never see   come to me, ___
                 G
It's an awful   tragedy.
```

Chorus 1

```
Am                             C                          G
Fifty million reasons loving in the seasons, ___
Am                         C                      G
Fifty million lovers sitting at the doubles. ___
Am                             C                           Em
Fifty million reasons loving in the seasons, ___
D                                      Am          C
   When you cry it pulls me through.
```

Link 1 | G | G Gsus4 ‖

Verse 2

G
And you know the times we crossed the street
D Am
We'd rather laugh than greet. ___
C G
Honestly, it's a foregone comedy.

And you know the walks we tried and made,
D Am
You know it's never changed. ___
C G
Honestly, it's a long-lost comedy.

Chorus 2 As Chorus 1

Solo

‖: G | Am | Em | C :‖ Cmaj7 | G | G |
| Am | C | G Gsus4 | G | Am | C ‖

Verse 3

G
Oh the awful title belies the quality
D Am
Of this unusual comedy,
C G
It's the same for you and me.

And the days and nights you remembered me,
D Am
The walls I never see.
C G
Honestly, it's the long-lost comedy.

Chorus 3 As Chorus 1

Play 6 times

Coda

‖: G | Am | Em | C :‖ Cmaj7 ‖

Constant Craving

Words & Music by
k.d. lang & Ben Mink

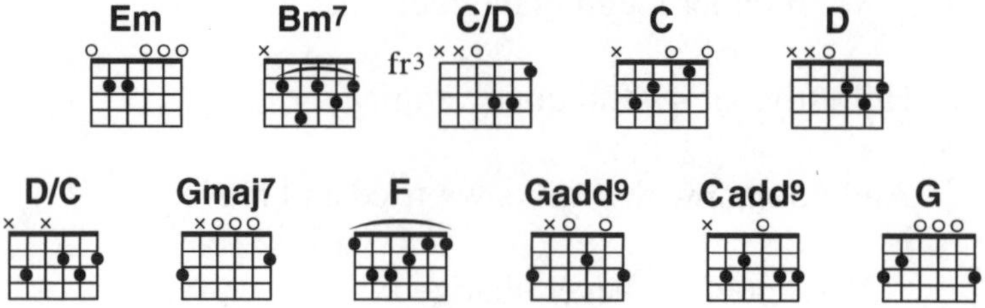

Capo first fret

Intro

```
||: Em      | Bm7     | C/D     | C       |
|   Em      | Bm7     | C/D     | C/D     :||
```

Verse 1

```
Em  Bm7              C/D        C
Ev - en through the   darkest phase,
Em   Bm7         C/D
Be    it thick or   thin,
Em  Bm7              C/D        C
Al - ways someone    marches brave
Em       Bm7      C/D
Here beneath my   skin.
```

Chorus 1

```
      C     D/C   Gmaj7  Em        F        Em
And con - stant cra   -  ving has always   been.
```

Verse 2

```
Em   Bm7        C/D        C
May-be a great   magnet pulls
Em   Bm7    C/D
All   souls towards truth,
Em           Bm7    C/D      C
   Or maybe it is   life itself
         Em   Bm7    C/D
Feeds  wis - dom to its youth.
```

Chorus 2

```
      C     D/C   Gmaj7  Em        F        Em
And con - stant cra   -  ving has always   been.
```

Bridge

```
Gadd9  Cadd9
Cra  -  ving,
     G            Gadd9  D/C  C
Ah-hah constant          cra - ving
     D          Cadd9      D   Cadd9
Has always   been, has al - ways been.
```

Guitar solo

```
|: Em     | Bm7     | C/D     | C      |
|  Em     | Bm7     | C/D     | C/D   :|
```

Chorus 3

```
C       D/C   Gmaj7   Em       F         Em
Con - stant cra   -   ving has always   been.
C       D/C   Gmaj7   Em       F         G
Con - stant cra   -   ving has always been.
```

Coda

```
Gadd9  Cadd9
Cra  -  ving,
     G            Gadd9  D/C  C
Ah-hah constant          cra - ving
          D          Cadd9          D             Cadd9
|: Has always ___ been, has always ___ been. :|  Repeat to fade
```

The Day We Caught The Train

Words & Music by
Steve Cradock, Simon Fowler, Oscar Harrison & Damon Minchella

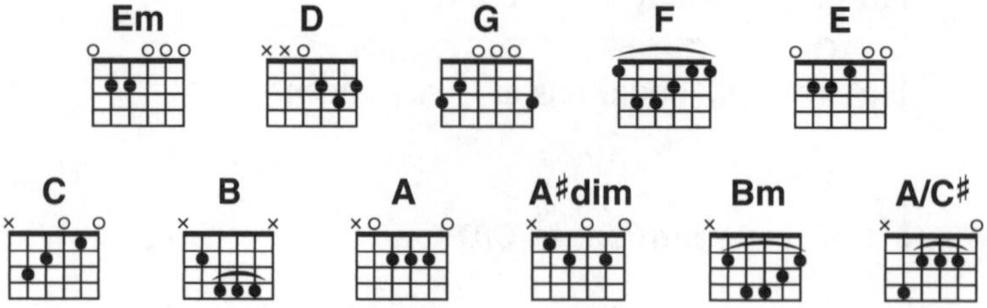


```
                 Em                   D
Verse 1            Never saw it as the start,
                            G
                 It's more a change of heart.
                 F
                 Rapping on the windows,
                                            E
                 Whistling down the chimney pot,
                 G                                          D
                 Blowing off the dust in the room where I forgot
                   C              B
                 I laid my plans in solid rock.
                 Em
                 Stepping through the door like a troubadour,
                                  A
                 Whiling just an hour away,
                 Em
                 Looking at the trees on the roadside,
                                A
                 Feeling it's a holiday.

                 D                   A♯dim
Pre-chorus 1     You and I should ride the coast
                       Bm         A/C♯            Em
                 And wind up in our fav'rite coats just miles away.
                 G
                   Roll a number,
                                      A
                 Write another song like Jimmy heard
                                       D
                 The day he caught the train.
```

```
               D    A        G
Chorus 1         Oh __ la la, __

               Em    D
               Oh __ la la, __

               A     G
               Oh __ la la, __

               Em
               Oh __ la.


               Em                      D
Verse 2        He sipped another rum and coke

                             G
               And told a dirty joke.

               F
               Walking like Groucho,

                                        E
               Sucking on a Number Ten.

               G                                            D
               Rolling on the floor with the cigarette burns walked in.

                  C                          B
               I'll miss the crush and I'm home again.

               Em
               Stepping through the door with the night in store,

                                 A
               Whiling just an hour away,

               Em
               Step into the sky in the star bright

                               A
               Feeling it's a brighter day.


               D                          A#dim
Pre-chorus 2   You and I should ride the coast

                   Bm            A/C#              Em
               And wind up in our fav'rite coats just miles away.

               G
                 Roll a number,

                                         A
               Write another song like Jimmy heard

                                        D
               The day he caught the train.


               D    A        G
Chorus 2         Oh __ la la, __

               Em    D
               Oh __ la la, __

               A     G
               Oh __ la la, __

               Em
               Oh __ la.
```

```
                   A
Middle 1             You and I should ride the tracks
                                                              D
                   And find ourselves just wading through tomorrow.
                   A
                     And you and I when we're coming down,
                                                                   D
                   We're only getting back and you know I feel no sorrow.


Instrumental       | D        | A        | G        | Em       |

                   | D        | A        | G        | Em       ||


                   D     A          G
Chorus 3             Oh __ la la, __
                     Em       D
                   Oh __ la la, __
                     A        G
                   Oh __ la la, __
                     Em
                   Oh __ la.


                     D                             A
Middle 2           |: When you find that things are getting wild,
                         G                     Em
                   But don't you want days like these?
                   D                             A
                     When you find that things are getting wild,
                         G                     Em
                   But don't you want days like these?  :|


                     D     A          G
Chorus 4           |: Oh __ la la, __
                     Em       D
                   Oh __ la la, __
                     A        G
                   Oh __ la la, __
                     Em
                   Oh __ la.  :|   Repeat to fade
```

Distant Sun

Words & Music by
Neil Finn

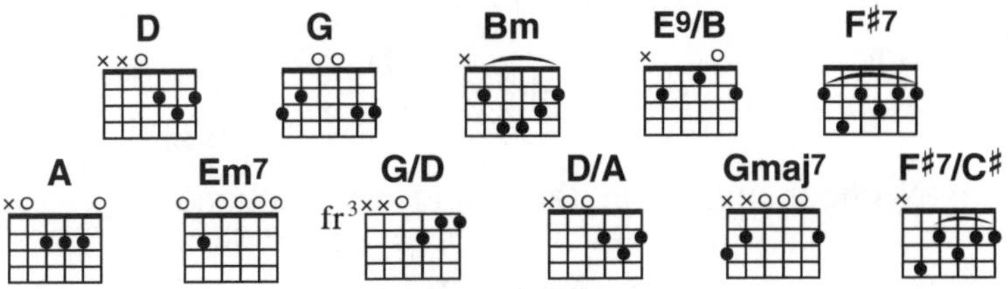

Capo 1st fret

Intro ‖: D | G | D | G :‖

Verse 1

```
D                                    G
Tell me all the things you would change,
D                                  G
I don't pretend to know what you want,
               Bm                          E9/B
When you come around and spin my top
                 G                   F♯7
Time and again, time and again.
     D                  G
No fire where I lit my spark,
D                   G
I am not afraid of the dark,
       Bm                            E9/B
Where your words devour my heart,
                        G
And put me to shame, put me to shame.
```

Chorus 1

```
             A                    Em7
When your seven worlds collide,
       G          A        D
Whenever I am by your side,
     A                    Em7
And dust from a distant sun
     G          A        D         G/D       D      G/D
Will shower over everyone.__________
```

Verse 2

            D   G
You're still so young to travel so far,
D   G
Old enough to know who you are,
Bm   E9/B
Wise enough to carry the scars
                    G   F#7
Without any blame, there's no-one to blame.
      D   G
It's easy to forget what you learned,
D   G
Waiting for the thrill to return,
Bm   E9/B
Feeling your desire to burn,
                                      G
You're drawn to the flame._______

Chorus 2

           A   Em7
When your seven worlds collide,
          G   A   D
Whenever I am by your side,
        A   Em7
And dust from a distant sun
        G   A   D
Will shower over everyone.______
A   Em7
Dust from a distant sun
        G   A
Will shower over everyone.

Middle

               Bm   D/A   Gmaj7   A
And I'm lying on the table, washed out, in the flood
Bm   D/A   Gmaj7   A
    Like a Christian fearing vengeance from above,
   Bm   D/A   Gmaj7   A   Em7
I don't pretend to know what you want, but I offer love._____

Instrumental | G A | D | A | Em7 | G A | D |

Chorus 3

```
A                    Em7
Seven worlds will collide____
      G        A        D
Whenever I am by your side,
A                   Em7
Dust from a distant sun____
     G          A       D        F#7         Gmaj7
Will shower over everyone._________
```

Coda

```
              Bm      F#7/C#    Gmaj7
||: As time slips by__________________
           D      F#7         Gmaj7
And on and on.__________               :||  Repeat to fade
```

Doll Parts

Words & Music by
Courtney Love

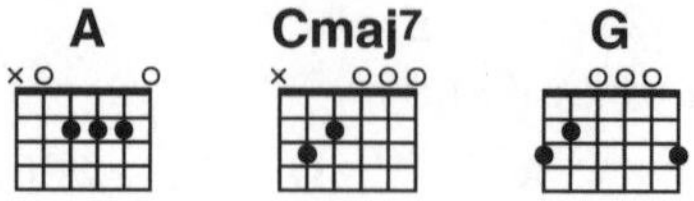

Verse 1

A Cmaj7
I am doll eyes:
G Cmaj7
Doll mouth, doll legs.
A Cmaj7
I am doll arms,
G Cmaj7
Big veins, dog beg.

Pre-chorus 1

A Cmaj7
Yeah, they really want you,
G Cmaj7
They really want you, they really do.
A Cmaj7
Yeah, they really want you,
G Cmaj7
They really want you, but I do too.

Chorus 1

A Cmaj7 G N.C. G
I want to be the girl with the most cake.
A Cmaj7 G N.C. G
I love him so much it just turns to hate. ___
A Cmaj7 G N.C. G
I fake it so real, I am beyond fake.
A Cmaj7 G N.C. G
𝄆 And someday you will ache like I ache. 𝄇 *Play 4 times*
A C G N.C.
Someday, you will ache like I ache.

Verse 2

```
A          Cmaj7
   I am   doll parts:
G               Cmaj7
   Bad skin,   doll heart.
A                Cmaj7
   It stands   for knife
G                   Cmaj7
   For the rest   of my life
```

Pre-chorus 2

```
A                      Cmaj7
   Yeah, they really want you,
                 G                          Cmaj7
They really want you, they really do.
A                      Cmaj7
   Yeah, they really want you,
                 G                     Cmaj7
They really want you, but I do too.
```

Chorus 2

```
A                Cmaj7 G   N.C.                G
   I want to be  the girl with the most cake. ____
A              Cmaj7      G
   He only loves those things
N.C.                                      G
Because he loves to see them break. ____
A             Cmaj7  G    N.C.                G
   I fake it     so real, I am beyond fake. ____
   A          Cmaj7 G        N.C.               G
And someday,     you will ache like I ache. ____
    A    Cmaj7  G
|:   Someday you will ache like I ache.   :|   Play 6 times
A     Cmaj7   G    N.C.
   Someday, you will ache like I ache.
```

English Rose

Words & Music by
Paul Weller

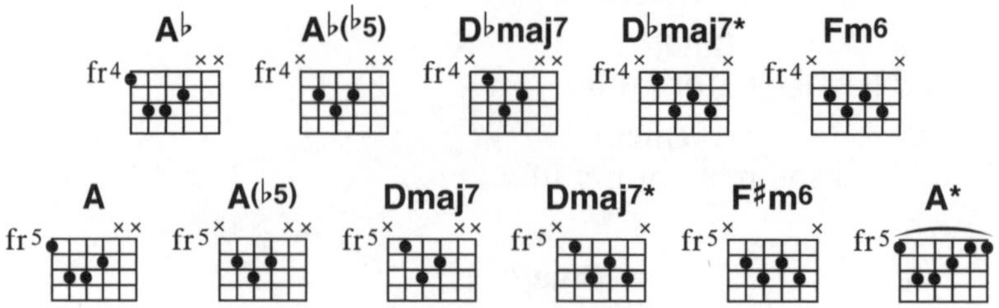

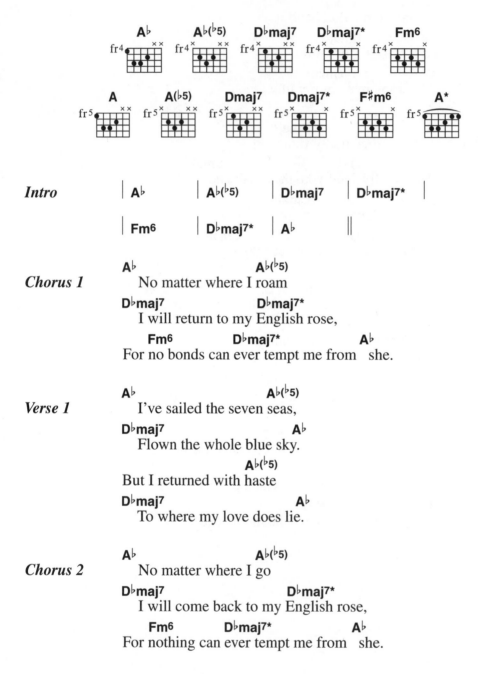

Intro | A♭ | A♭(♭5) | D♭maj7 | D♭maj7* |
| Fm6 | D♭maj7* | A♭ ||

Chorus 1

A♭ A♭(♭5)
No matter where I roam
D♭maj7 D♭maj7*
I will return to my English rose,
Fm6 D♭maj7* A♭
For no bonds can ever tempt me from she.

Verse 1

A♭ A♭(♭5)
I've sailed the seven seas,
D♭maj7 A♭
Flown the whole blue sky.
A♭(♭5)
But I returned with haste
D♭maj7 A♭
To where my love does lie.

Chorus 2

A♭ A♭(♭5)
No matter where I go
D♭maj7 D♭maj7*
I will come back to my English rose,
Fm6 D♭maj7* A♭
For nothing can ever tempt me from she.

Verse 2

A♭ **A♭(♭5)**
I've searched the secret mists,
D♭maj7 **A♭**
I've climbed the highest peaks,
A♭(♭5)
Caught the wild wind home
D♭maj7 **A♭**
To hear her soft voice speak.

Chorus 3

A♭ **A♭(♭5)**
No matter where I roam
D♭maj7 **D♭maj7***
I will return to my English rose,
Fm6 **D♭maj7*** **A♭**
For no bonds can ever keep me from she.

Verse 3

A **A(♭5)**
I've been to ancient worlds,
Dmaj7 **A**
I've scoured the whole universe
A(♭5)
And caught the first train home
Dmaj7 **A**
To be at her side.

Chorus 4

A **A(♭5)**
No matter where I roam
Dmaj7 **Dmaj7***
I will return to my English rose,
F♯m6 **Dmaj7***
For no bonds can ever keep me from (she.)

Coda

| **A** | **A(♭5)** | **Dmaj7** | **Dmaj7*** **F♯m6** | **A** **A*** ||
she.

Every Morning

Words & Music by
Mark McGrath, Rodney Sheppard, Murphy Karges, Stan Frazier, Craig Bullock, David Kahne, Joseph Nichol, Richard Bean, Abel Zarate & Pablo Tellez

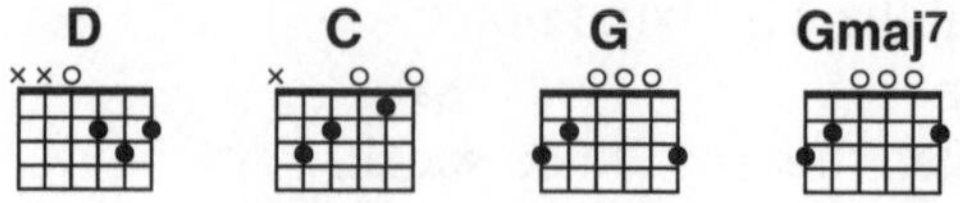

Tune guitar up a semitone

Intro | (D) | (C) | (G) | (C) (D) |

| G D | C D | G D | C D ||

Verse 1

```
G                   D       C
   Every morning there's a halo hanging
           D     G                      D    C    D
From the corner of my girlfriend's four post bed,
G                   D           C
   I know it's not mine but I'll see if I can use it
D        G                      D    C
For the weekend or a one-night stand.
D          G           C                    G    C
Couldn't understand   how to work it out,
           G                        C
Once again as predicted left my broken heart open
          G           C
And you ripped it out.
G                           D
Something's got me reeling,
C                           D
   Stopped me from believing,
G           D       C   D
Turn me around again.
G                       D
Said that we can do it,
     C                 D    G
You know I wanna do it again.
```

```
              D
Chorus 1      (Sugar Ray say)
              Gmaj7  C
              Oh, ______ (every morning,)
                   Gmaj7
              Oh, ______ (every morning
                      C                          D
            { When I wake up.)
            {         (Shut the door baby, don't say a word.)

              Oh, ______
              Gmaj7               C
              (She always rights the wrongs,)
                  Gmaj7                  C                         D
            { (She always rights, she always rights.)
            {                          (Shut the door baby, shut the door baby.)


Link          | G    D | C    D | G         | C   D    ||

              G              D      C
Verse 2         Every morning there's a heartache hanging
                   D     G                  D   C   D
              From the corner of my girlfriend's four-post bed,
              G              D          C                D
                I know it's not mine and I know she thinks she loves me
                  G                D       C   D
              But I never can believe what she said.
              G                 D  C            D
              Something so deceiving   when you stop believing,
              G         D    C  D
              Turn me around again.
              G                 D
              Said we couldn't do it,
                  C               D   G
              You know I wanna do it again.

              Gmaj7  C
Chorus 2      Oh, ______ (every morning,)
                   Gmaj7
              Oh, ______ (every morning
                      C                          D
            { When I wake up.)
            {         (Shut the door baby, don't say a word.)
```

```
                 Gmaj7  C              D
cont.            Oh, ______ (every morning,)
                     Gmaj7
                 Oh, ______ (every morning
                       C                         D
               { When I wake up.)
               {         (Shut the door baby, shut the door baby.)

                 C                  D        G     Em
Bridge           She always rights the wrongs for me, baby.
                 C                  D        G
                 She always rights the wrongs for me.

                               D       C
Verse 3          Every morning there's a halo hanging
                        D      G                      D    C    D
                 From the corner of my girlfriend's four post bed,
                 G              D          C             D
                   I know it's not mine but I'll see if I can use it
                       G                 D  C
                 For the weekend or a one-night stand.

                                               D
Chorus 3         (Shut the door baby, don't say a word.)
                  G            D    C  D
                 ||: Every morning,
                 G          D
                   Every morning,
                       C                         D
                 When I wake up.
                         (Shut the door baby, shut the door baby.) :||  Repeat to fade
                                                                         with vocal ad lib.
```

Get Off

Words & Music by
Courtney Taylor-Taylor

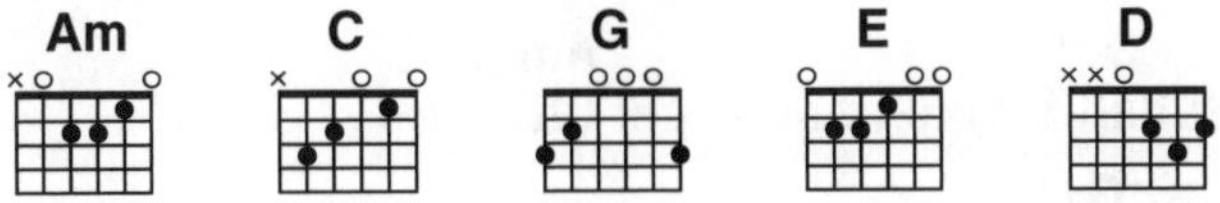

Intro

| Am | Am C G | Am | E C G |
| Am | E C G | D | Am | G | E C G ||

Verse 1

Am E C G
Yeah, like it or not,
Am E C G
Like a ball and a chain,
D Am
But all I wanna do is get off,
G E C G
And feel it for a minute, babe.
Am E C G
Hot diggity dog,
Am E C G
I love God all the same,
D Am
But all I want to do is get off,
G E C G
And feel it, feel it, feel it, babe.

Chorus 1

Am E
Baby, come on, yeah,
C G
If you have a hard time getting there.
Am E
Maybe you're gone
C G
If you find, you find yourself

Against yourself.

```
           Am                  E        C  G
Verse 2       Yeah maybe I thought,
           Am                       E      C  G
              Once thought I was sane,
              D                  Am
           But all I want to do is get off
               G
           And feel it for a minute
                   E        C
           Like the real thing, baby.
           G  Am             E     C  G
           I   guess I already forgot
           Am                              E    C  G
              What I thought I would say,
              D                  Am
           But all I wanna do is get off
               G          E              C  G
           And feel it, feel it, feel it, babe.

           Am           E
Chorus 2   Baby, come on, yeah,
           C                 G
              If you have a hard time getting there.
           Am                E
           Maybe you're gone
           C                     E
              If you find, you find yourself

           Against yourself.

           Am               E
Chorus 3      Hey, come on, yeah,
           C                 G
              If you have a hard time getting there.
           Am                E
           Maybe you're gone
           C                     G
              If you find, you find yourself

           Against yourself.

Bridge     | Am      | Am      | Am      | Am  C  G ||
           (Hey hey   hey hey   hey hey   hey.)
```

```
             Am                 E
Verse 3        And like it or not,
             Am                   E
               Like a ball and a chain,
             D                  Am
             All I wanna do is get off,
                 G
             And feel it for a minute
                       E          C
             Like the real thing, baby.
             G   Am                E      C  G
             Oh yes, I already forgot
             Am                               E     C  G
               What I thought I would say,
                 D                    Am
             But all I wanna do is get off
                 G              E            C  G
             And feel it, feel it, feel it, babe.

                Am          E
Chorus 4     ||: Baby, come on, yeah,
             C              G
               If you have a hard time getting there.
             Am             E
             Maybe you're gone
             C                G
               If you find, you find yourself

             Against yourself.  :||

Coda         | Am       | Am       | Am       | Am        |
             (Hey hey   hey hey    hey hey    hey hey

             | Am       | Am       | Am       | Am  C  G | Am      ||
               hey hey    hey hey    hey hey    hey.)
```

Faith

Words & Music by
George Michael

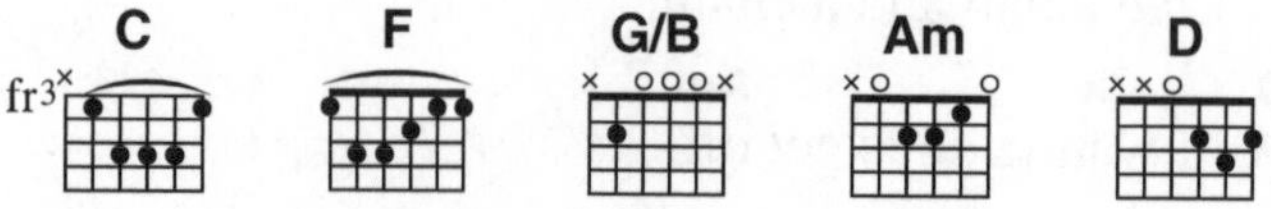

Tune guitar down a semitone

Intro | **Organ intro** | **C** ||

Verse 1

```
C
   Well, I guess it would be nice if I could touch your body,
             F                               C
I know not everybody has got a body like you,

But I gotta think twice before I give my heart away
              F                                      C
And I know all the games you play because I play them too.
```

Pre-chorus 1

```
           F                    C
Oh, but I need some time off from that emotion,
F                              C
Time to pick my heart up off the floor.
                F                        C  G/B   Am
Oh, when that love comes down without de  -  votion,
           D                                G
Well, it takes a strong man, baby, but I'm showing you the door.
```

Chorus 1

```
N.C.                 C
'Cause I gotta have faith, I gotta have faith,

Because I gotta have faith, faith, faith.
                                N.C.
I gotta have faith, faith, faith.
```

Verse 2

```
                C
Baby, I know you're asking me to stay,
                              F
Say please, please, please don't go away.
                                    C
You say I'm giving you the blues;

Maybe you mean every word you say,
                        F
I can't help but think of yesterday
                           C
And another who tied me down to lover boy rules.
```

Pre-chorus 2

```
 F                         C
Before this river becomes an ocean,
 F                                      C
Before you throw my heart back on the floor,
                 F                     C   G/B   Am
Oh baby, I'll reconsider my foolish   notion.
        D                                     G
Well, I need someone to hold me but I wait for something more.
```

Chorus 2 As Chorus 1

Solo

```
| C      | C      | F      |
(With vocal ad lib.)
C                                       | C      | C      |
I'll just have to wait 'cause I gotta have   faith.
                  | F      | C                  ||
I gotta have   faith,    got to, got to have faith.
```

Pre-chorus 3 As Pre-chorus 1

Chorus 3 As Chorus 1

Fast Car

Words & Music by
Tracy Chapman

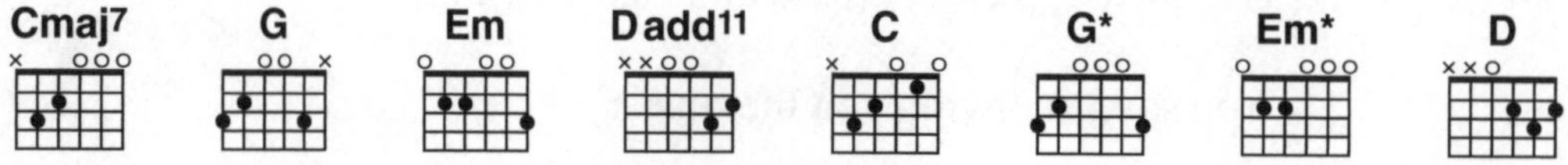

Capo second fret

Intro ‖: Cmaj7 G | Em Dadd11 | Cmaj7 G | Em Dadd11 :‖

Verse 1

Cmaj7 G
You got a fast car,
Em Dadd11
I want a ticket to anywhere.
Cmaj7 G
Maybe we make a deal,
Em Dadd11
Maybe together we can get somewhere.
Cmaj7 G
Any place is better.
Em Dadd11
Starting from zero, got nothing to lose.
Cmaj7 G
Maybe we'll make something,
Em Dadd11
Me myself, I got nothing to prove.

Link 1 | Cmaj7 G | Em Dadd11 | Cmaj7 G | Em Dadd11 ‖

Verse 2

Cmaj7 G
You got a fast car
Em Dadd11
I got a plan to get us out of here:
Cmaj7 G
I been working at the convenience store,
Em Dadd11
Managed to save just a little bit of money.

cont.

Cmaj7 G
Won't have to drive too far
Em Dadd11
Just 'cross the border and into the city,
Cmaj7 G
You and I can both get jobs
Em Dadd11
And finally see what it means to be living.

Link 2 | Cmaj7 G | Em Dadd11 | Cmaj7 G | Em Dadd11 ||

Verse 3

Cmaj7 G
You see my old man's got a problem:
Em Dadd11
He live with the bottle, that's the way it is.
Cmaj7 G
He says his body's too old for working,
Em Dadd11
His body's too young to look like his.
Cmaj7 G
My mama went off and left him,
Em Dadd11
She wanted more from life than he could give,
Cmaj7 G
I said, "Somebody's got to take care of him."
Em Dadd11
So I quit school and that's what I did.

Link 3 | Cmaj7 G | Em Dadd11 | Cmaj7 G | Em Dadd11 ||

Verse 4

Cmaj7 G
You got a fast car
Em Dadd11
But is it fast enough so we can fly away?
Cmaj7 G
We gotta make a decision:
Em Dadd11
Leave tonight or live and die this way.

Link 4 | Cmaj7 G | Em Dadd11 | Cmaj7 G ||

```
            Em    Dadd11                  C
Chorus 1      I remember when we were driving, driving in your car,
               G*
            The speed so fast I felt like I was drunk,
            Em*
              City lights lay out before us
                        D
            And your arm felt nice wrapped 'round my shoulder.
                  C   Em*      D
            And I _____ had a feeling that I belonged
                  C   Em*      D                          C
            And I _____ had a feeling I could be someone, be someone,
            D
              Be someone.

Link 5      | Cmaj7  G  | Em  Dadd11 | Cmaj7  G  | Em  Dadd11 ||

            Cmaj7          G
Verse 5     You got a fast car
                Em                           Dadd11
            And we go cruising to entertain ourselves;
                Cmaj7             G
            You still ain't got a job
                 Em                  Dadd11
            And I work in a market as a checkout girl.
            Cmaj7                  G
            I know things will get better:
            Em                    Dadd11
            You'll find work and I'll get promoted,
            Cmaj7                  G
            We'll move out of the shelter
            Em                          Dadd11
            Buy a bigger house and live in the suburbs.

Link 6      | Cmaj7  G  | Em  Dadd11 | Cmaj7  G  ||

Chorus 2    As Chorus 1

Link 7      | Cmaj7  G  | Em  Dadd11 | Cmaj7  G  | Em  Dadd11 ||
```

Verse 6

Cmaj7 G
You got a fast car
Em Dadd11
And I got a job that pays all our bills.
Cmaj7 G
You stay out drinking late at the bar,
Em Dadd11
See more of your friends than you do of your kids.
C G
I'd always hoped for better,
Em Dadd11
Thought maybe together you and me would find it,
C G
I got no plans I ain't going nowhere,
Em Dadd11
So take your fast car and keep on driving.

Link 8 | Cmaj7 G | Em Dadd11 | Cmaj7 G ||

Chorus 3 As Chorus 1

Link 9 | Cmaj7 G | Em Dadd11 | Cmaj7 G | Em Dadd11 ||

Verse 7

Cmaj7 G
You got a fast car
Em Dadd11
But is it fast enough so you can fly away?
Cmaj7 G
You gotta make a decision:
Em Dadd11
Leave tonight or live and die this way.

Coda | Cmaj7 G | Em Dadd11 | Cmaj7 G | Em Dadd11 |

| Cmaj7 G | Em Dadd11 | Cmaj7 G ||

Fire In My Heart

Words & Music by

Gruff Rhys, Dafydd Ieuan, Guto Pryce, Huw Bunford & Cian Ciarán

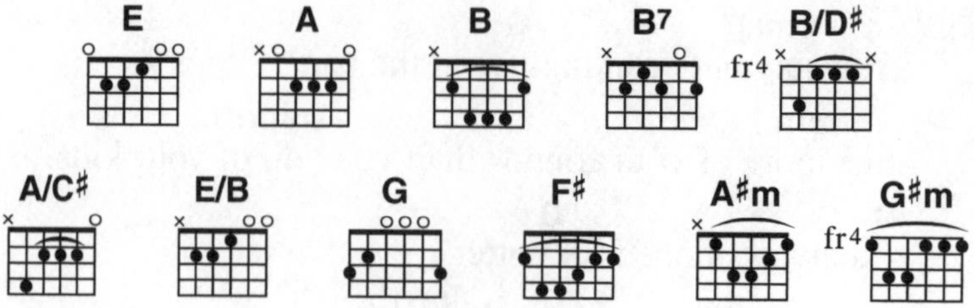

Verse 1

```
          E        A          E
I've got a fire in my heart for you,
                   A          E
I've got a fire in my heart for you,
                   B                    A       E
I've got a fire in my heart 'though I'm falling apart,
                         A            E     B7
Still I've got a fire in my heart for you.
```

Verse 2

```
        E        A               E
I've got pins and needles for you,
                 A               E
I've got pins and needles for you,
                        B/D♯          A/C♯         E/B
You've got needles and pins, and the seven deadly sins.
                E           A          E     B7
Still I've got a fire in my heart for you.
```

Verse 3

```
       E        A                E
I've  a butterfly stomach for you,
                A                E
I've  a butterfly stomach for you,
                    B/D♯      A/C♯              E/B
And as the cars fly by I just break down and cry.
                E           A          E
Still I've got a fire in my heart for you.
```

```
               B                              A      E
Bridge 1    Oh the monkey puzzle tree has some ques - tions
                 B                  A    E
            For the watchdogs of the profane. ___
                      B/D#       A/C#          E/B
            And I ask, is it sad that I'm driving myself mad
                 E         A          G     A B
            As this fire in my heart turns blue?

            N.C.      F#        B         F#    B
Verse 4     I've got a fire in my heart for you,
                      F#        B         F#    B
            I've got a fire in my heart for you,
                      F#        B         F#    B
            I've got a fire in my heart for you,
                      F#        B        A#m   A  G#m  F#
            I've got a fire in my heart for you. ___________
```

Fireworks

Words & Music by
Danny McNamara & Richard McNamara

```
Intro      | B♭   | B♭   | Gm   | Dm   |
           | B♭   | Gm   | Dm   | B♭   | B♭   ||

           B♭                  Gm
Verse 1    I stretched over to reach you,
                     Dm                    B♭
           I tried to meet you, I've been wrong.
                     Gm                       Dm
           Now the fireworks in me are all gone
                         B♭      F
           It's time to realise.
               B♭                    Gm
           My girl, you make all the smart moves
                         Dm                  B♭
           And you see through all my wrongs.
                          Gm                      Dm
           When the fireworks in me are all wrong,
                         B♭
           Well, then I realised.

                         E♭
Chorus 1   And I don't need convincing,
           Dm           F                   B♭               Gm
             I've seen enough to want to try and change things. ___
                                   F
           You fell in love, I fell in life,
                         E♭
           I thought I'd ___ found my place
           Gm                                F
             Before I knew how much it cost to play it safe.
           E♭                                    B♭
             Have I let you? I never let you down.
```

```
Link         | B♭    | Gm    | Dm    | F     ||

             B♭                 Gm
Verse 2      I work all day and I won't find,
                        Dm             B♭
             When it feels right that it's wrong.
                          Gm                     Dm
             When the fireworks in me are all gone,
                          B♭
             Well, then I realised.

                         E♭
Chorus 2     And I won't need convincing,
             Dm             F                  B♭              Gm
               I've seen enough to want to try and change things. ___
                                        F
             You fell in love, I fell in life,
                          E♭
             I thought I'd ___ found my place
             Gm                                    F
               Before I knew how much it cost to play it safe.
             E♭
               Could I leave you? I never let you (down.)

Coda / solo  | B♭    | Gm    | Dm    | B♭    |
               down.

             | Gm    | Dm    | B♭    | B♭    | B♭    | B♭    ||
```

Fisherman's Blues

Words & Music by
Mike Scott & Steve Wickham

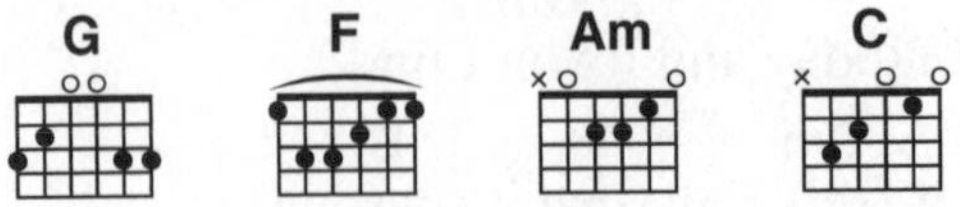


```
Intro     |: G   | G   | F   | F   | Am   | Am   | C   | C   :|

          G                            F
Verse 1   I wish I was a fisherman tumbling on the seas
          Am                                C
            Far away from dry land and its bitter memories,
          G                                    F
            Casting out my sweet life with abandonment and love,
          Am                                         C
            No ceiling bearing down on me save the starry sky above.
                                   G
          With light in my head,
                              F   G  Am    | Am    ||
          And you in my arms.   Whoo!

Link 1    | G   | G   | F   | F   | Am   | Am   | C   | C   ||

          G                                    F
Verse 1   I wish I was the brakeman on a hurtling fevered train
                         Am                                       C
          Crashing a-headlong into the heartland like a cannon in the rain
                        G                                  F
          With the beating of the sleepers and the burning of the coal,
          Am                                           C
          Counting the towns flashing by and the night that's full of soul.
                                   G
          With light in my head,
                              F   G  Am    | Am    ||
          And you in my arms.   Whoo!

Link 2    |: G   | G   | F   | F   | Am   | Am   | C   | C   :|
```

Verse 3

G   F
Tomorrow I will be loosened from bonds that hold me fast,
           Am   C
When the chains hung all around me   will fall away at last.
             G   F
And on that   fine and fateful day I will take me in my hands,
       Am   C
I will   ride on the train, I will be the fisherman
                   G
With light in my head,
           F
You in my arms.
      G   Am | Am | C | C ||
Whoo - ooo - ooh.

Link 3

|: G | G | F | F | Am | Am | C | C :|

Coda

                  G
|: Light in my head,
          F
You in my arms,
       G   Am
Light in my head,
          C
You. _____   :| *Repeat to fade*

Foot Of The Mountain

Words & Music by
Paul Weller

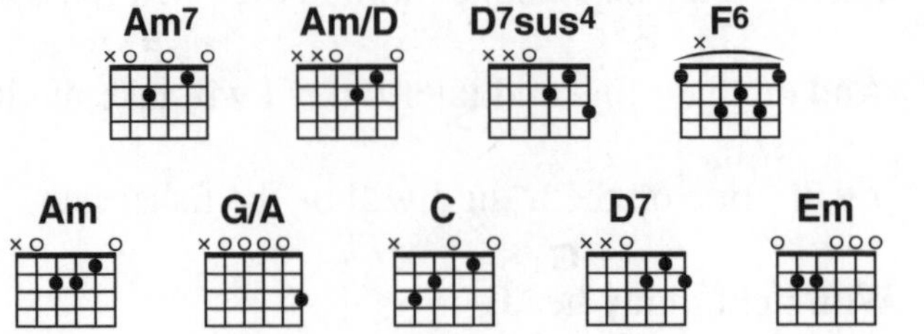

Intro | Am7 | Am/D D7sus4 | Am7 | Am/D D7sus4 ||

Verse 1

Am7 Am/D D7sus4
Like a dream on the ocean,
Am7 Am/D D7sus4
Always drifting away.
Am7 Am/D D7sus4
And I can't catch up,
Am7 Am/D D7sus4
She just slips away on the tide.

Am7 Am/D D7sus4
Sometimes a great notion
Am7 Am/D D7sus4
Can lead you astray.
Am7 Am/D D7sus4
So weak to devotion,
F6 Am G/A
So strong to desire.

Chorus 1

F6 C
Baby, baby, baby won't you let me ride?
F6 C
Take me off on your sail boat ride.
F6 C
Come on now, angels are on your side,
Am D7
But she slips away, oh, and never stays.

Instrumental | Am7 | Am/D D7sus4 | Am7 | Am/D D7sus4 |
| Am7 | Am/D D7sus4 | Am7 | Am7 ||

Verse 2
Am7 Am/D D7sus4
Like mercury gliding,
Am7 Am/D D7sus4
A silver teardrop that falls.
Am7 Am/D D7sus4
And I can't hold on,
Am7 Am/D D7sus4
Through my fingers she's gone.

Am7 Am/D D7sus4
At the foot of the mountain,
Am7 Am/D D7sus4
Such a long way to climb.
Am7 Am/D D7sus4
How will I ever get up there?
F6 Am G/A
But know I must try.

Chorus 2
F6 C
Baby, baby, baby won' t you let me ride?
F6 C
Take me off on your sail boat ride.
F6 C
Come on now, angels are on your side,
Am D7 Am7 D7sus4
But she slips away, oh, and never stays.

Verse 3
Am7 Am/D D7sus4
Like a dream on the ocean,
Am7 Am/D D7sus4
Always drifting away.
Am7 Am/D
And I can't catch up,
Am7 Am/D
She just slips away.
Am7 D7
Oh, slips away,
Am7 D7 Em Am7
Oh, slips away.

Fuzzy

Words & Music by
Grant Lee Phillips

Tune guitar down one semitone

Intro ‖: D | D | F♯m | F♯m7 :‖

Verse 1
D F♯m
Bring me home to this house of many days,
E D F♯m7
Just lay me on the floor, hard and cool as slate.
E D F♯m
You know I love it more and more than before I ran away,
E D F♯m7
It triggers off so many hurts, hurtful words and broken plates.

Chorus 1
E7 F♯m
I've been lied to, ah fuzzy,
E7
I've been lied to.

Verse 2
D F♯m
All-in-all the world is small enough for both of us
E D F♯m
To meet upon the interstate, waiting on a train.
E D
And just when those big arms lift up, fall in love
F♯m
With no time to say.

Chorus 2
E7 F♯m
I've been lied to, ah fuzzy.
E7 F♯m
I've been lied to, ah fuzzy,

Fuzzy, now.

Guitar solo ‖: D | D | F♯m | F♯m7 :‖

Verse 3

```
D                                   F♯m
Here we are, in our car driving down the street,
                 E    D                              F♯m7
We're looking for a place to stop, have a bite to eat.
              E    D                          F♯m7
We hunger for a bit of faith, to replace the fear.
             E    D                                          F♯m7
We water like a dead bouquet, it does no good, does it dear?
```

Chorus 3

```
                  E7         F♯m
And I've been lied to, ah fuzzy,
               E7         F♯m
We've been lied to, ah fuzzy.

Fuzzy now,
E7
Lied to.
```

Coda ‖: D | D | F♯m | F♯m7 :‖ *Repeat to fade*

Guitar solo

Half The World Away

Words & Music by
Noel Gallagher

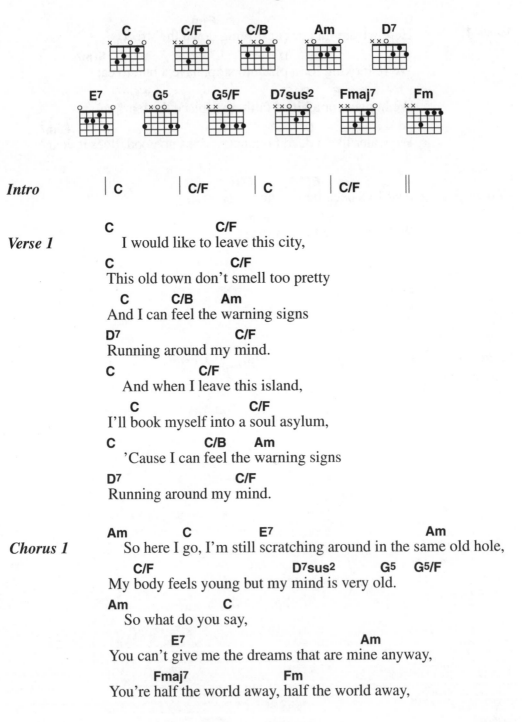

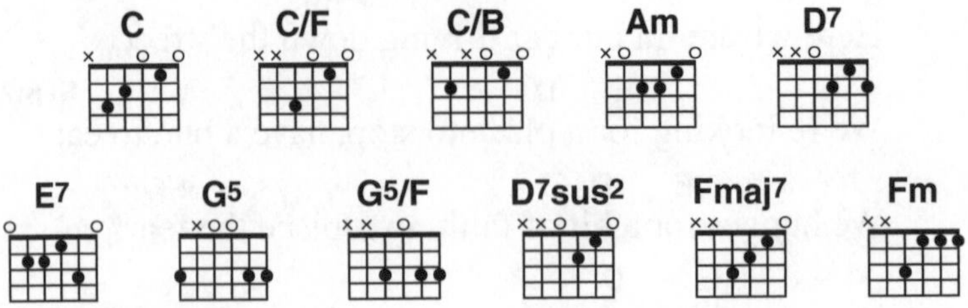

Intro | C | C/F | C | C/F ||

Verse 1

C C/F
I would like to leave this city,
C C/F
This old town don't smell too pretty
C C/B Am
And I can feel the warning signs
D7 C/F
Running around my mind.
C C/F
And when I leave this island,
C C/F
I'll book myself into a soul asylum,
C C/B Am
'Cause I can feel the warning signs
D7 C/F
Running around my mind.

Chorus 1

Am C E7 Am
So here I go, I'm still scratching around in the same old hole,
C/F D7sus2 G5 G5/F
My body feels young but my mind is very old.
Am C
So what do you say,
E7 Am
You can't give me the dreams that are mine anyway,
Fmaj7 Fm
You're half the world away, half the world away,

cont.

```
C          C/B       Am
Half the world away.
                  D7                                   C/F                  | C/F        ||
I've been lost, I've been found but I don't feel down.
```

Link | C | C/F | C | C/F ||

Verse 2

```
C                   C/F
   And when I leave this planet,
     C                     C/F
You know I'd stay but I just can't stand it
   C           C/B        Am
And I can feel the warning signs,
D7                             C/F
Running around my mind.
C                    C/F
   And if I could leave this spirit,
    C                      C/F
I'd find me a hole and I'll live in it,
       C       C/B            Am
And I   can feel the warning signs,
D7                     C/F
Running around my mind.
```

Chorus 2

```
Am                C               E7                                  Am
   Here I go,   I'm still scratching around in the same old hole,
    C/F                                   D7sus2         G5     G5/F
My body feels young but my mind is very old.
Am                         C
   So what do you say,
                E7                                     Am
You can't give me the dreams that are mine anyway,
          Fmaj7                     Fm
You're half the world away, half the world away,
C         C/B       Am
Half the world away.
                  D7                                   C/F
I've been lost, I've been found but I don't feel down.

No I don't feel down, no I don't feel down.
```

Outto

|: C | C/F | C | C/F :| *Repeat to fade*

Don't feel down.

I Don't Want To Talk About It

Words & Music by
Danny Whitten

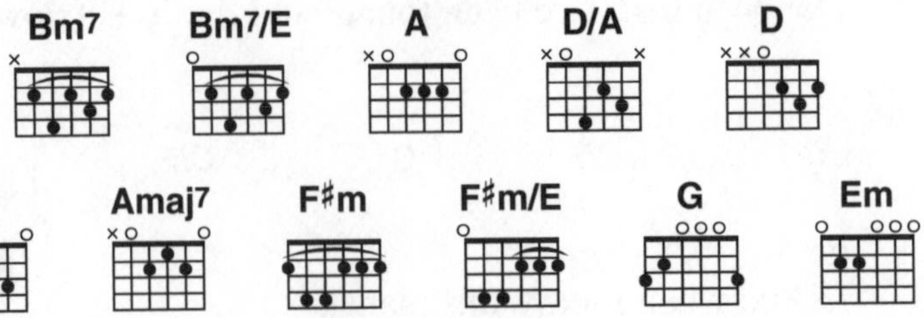

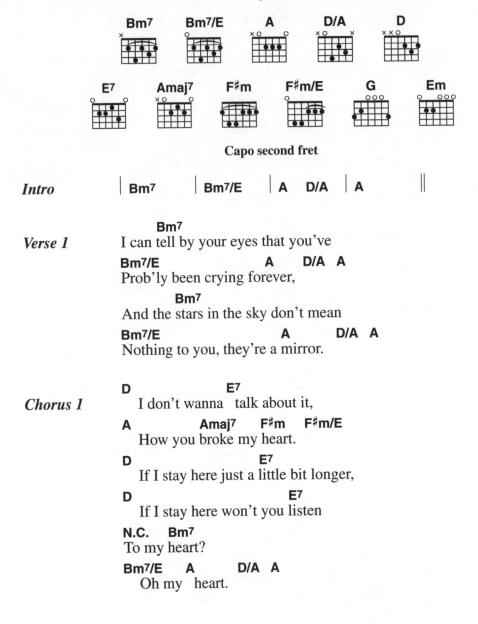

Capo second fret

Intro | Bm7 | Bm7/E | A D/A | A ||

Verse 1

Bm7
I can tell by your eyes that you've
Bm7/E A D/A A
Prob'ly been crying forever,
Bm7
And the stars in the sky don't mean
Bm7/E A D/A A
Nothing to you, they're a mirror.

Chorus 1

D E7
I don't wanna talk about it,
A Amaj7 F♯m F♯m/E
How you broke my heart.
D E7
If I stay here just a little bit longer,
D E7
If I stay here won't you listen
N.C. Bm7
To my heart?
Bm7/E A D/A A
Oh my heart.

```
           Bm7                        Bm7/E
Verse 2    If I stand all alone will the shadow
                                   A
           Hide the colours of my heart:
              D/A          A
           Blue for the tears, black for the night's fears.
              Bm7                       A
           The stars in the sky don't mean
           Bm7/E                       A          D/A
           Nothing to you, they're a mirror.

Chorus 2   As Chorus 1

Guitar solo | Bm7     | Bm7/E    | A   D/A  | A             |
            | Bm7     | Bm7/E    | A   D/A  | A  G  F#m  Em ||

           D                E7
Chorus 3     I don't wanna   talk about it,
           A          Amaj7     F#m       F#m/E
             How you broke this old heart. ___
           D                      E7
             If I stay here just a little bit longer,
           D                            E7
             If I stay here won't you listen
           N.C.   Bm7   Bm7/E
           To my heart? _____
                 A       D/A  A
           Oh my   heart,
                        Bm7  Bm7/E
           My poor old heart, __
              A      D/A  A
           My   heart.
```

History

Words & Music by
Richard Ashcroft, Nick McCabe, Simon Jones & Peter Salisbury

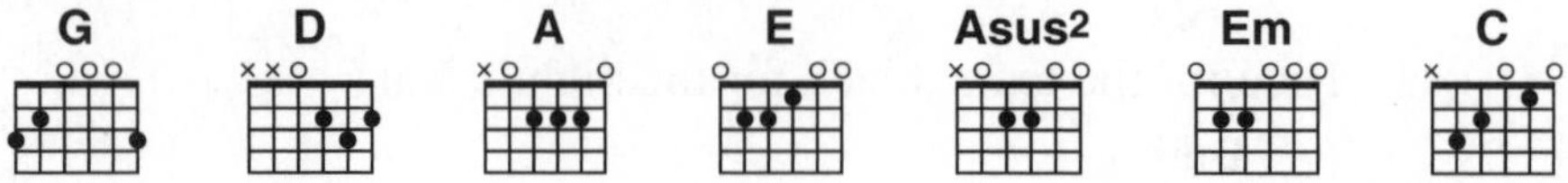

Intro |: G | D | A | E :|

Verse 1

G D
I wander lonely streets
A E
Behind where the old Thames does flow,
G D
And in every face I meet
A E
Reminds me of what I have run from.
Asus2
In every man, in every hand,
Em
In every kiss you understand
C
That living is for other men,
D
I hope you too will understand.

Verse 2

G D
I've got to tell you my tale
A E
Of how I loved and how I failed.
G D
I hope you understand
A E
These feelings should not be in the man.
Asus2
In every child, in every eye,
Em
In every sky above my head,
C D
I hope that I know, so come with me in bed.

Chorus 1

Asus2
Because it's you and me, we're history;
Em
There ain't nothing left to say
C D
When I will get you alone.

Verse 3

G D
Maybe we could find a room
A E
Where we could see what we should do;
G D
Maybe you know it's true:
A E
Living with me's like keeping a fool.
Asus2
In every man, in every hand,
Em
In every kiss you understand
C
That living is for other men.
D
I hope you know that I am me.

Chorus 2

Asus2
So come on,
Em
I'm thinking about history,
C
And I'm living for history
D
And I think you know about me

'Cause I am.

Chorus 3

Asus2
And one and one is two
Em
But three is company
C
When you're thinking about the things you do,
D
And you're thinking about the things you do.

Verse 4

G D
I wanna tell you my tale:
A E
How I fell in love and jumped out on my bail.
G D
Do you understand
A E
There's more in a smile than in a hand?
Asus2
In every sky, in every kiss
Em
There's one thing that you might have missed
C
And why am I going to
D
A place that now belongs to you?

Chorus 4

Asus2
But you were weak and so am I;
Em
Let's pick it up, let's even try
C
To live today, so why not smile?
D
Don't dream away your life
Asus2 Em
'Cause it is mine, it is mine.
C D
Is that a crime, is that a crime?
Asus2
But this life is mine;
Em C
But the bed ain't made, it's filled full of hope,
D
I've got a skin full of dope.
Asus2 Em C
Oh the bed ain't made, but it's filled full of hope,
D
I've got a skin full of dope.

Coda | Asus2 | Em | C | D | A ||

I Fought In A War

Words & Music by
Belle & Sebastian

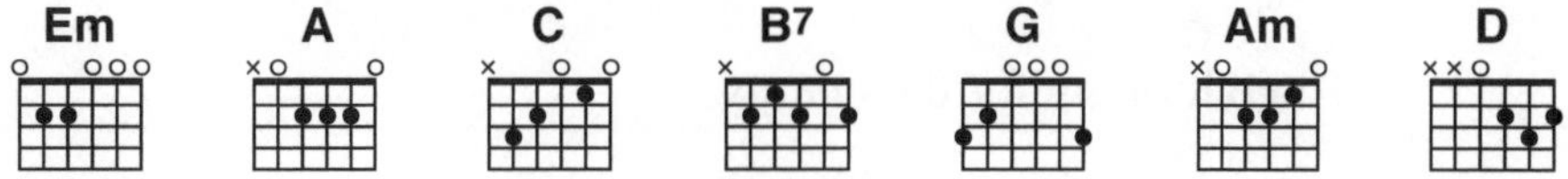


```
             Em  N.C.
Verse 1          I fought in a war
                    A   N.C.
             And I left my friends behind me
                    C         N.C.
             To go looking for the enemy,
                     B7       N.C.
             And it wasn't very long
             Em  N.C.
                 Before I would stand
                     A        N.C.
             With another boy in front of me,
                     C        N.C.
             And a corpse that just fell into me
                        B7      N.C.
             With the bullets flying round.

                          G                           Am
Chorus 1     And I reminded myself of the words you said

             When we were getting on.
                    C
             And I bet you're making shells back home
                   B7                          G
             For a steady boy to wear, round his neck.
                                           Am
             Well it won't hurt to think of you
                                                C
             As if you're waiting for this letter to arrive,
                           B7
             Because I'll be here quite a while.
```

```
              Em
Verse 2          I fought in a war
                    A
              And I left my friends behind me
                    C
              To go looking for the enemy,
                    B7
              And it wasn't very long
              Em
                 Before I found out
                        A
              That the sickness there ahead of me
                      C
              Went beyond the bedsit infamy
                    B7              D
              Of the decade gone before.

                 G                            Am
Chorus 2      I reminded myself of the words you sang

              When we were getting on,
                    C
              And I bet you're making shells back home
                  B7                         G
              For a steady man to wear, round his neck.
                                        Am
              Well it won't hurt to think of you
                                           C
              As if you're waiting for this letter to arrive,
                            B7
              Because I'll be here quite a while.
```

Instrumental

Em	Em	Am	Am
C	C	B7	B7
Em	Em	A	A
C	C	B7	D

Verse 3

```
Em
   I fought in a war,
 A
I didn't know where it would end.
  C
It stretched before me infinitely,
  B7
I couldn't really think
Em
   Of the day beyond now,
           A
Keep your head down pal, there's trouble plenty.
C
In this hour, this day
         B7
I can see hope, I can see light.
```

Chorus 3

```
   G                                  Am
I reminded myself of the looks you gave
When we were getting on.
       C
And I bet you're making shells back home
      B7                           G
For a steady man to wear, round his neck.
                            Am
Well it won't hurt to think of you
                              C
As if you're waiting for this letter to arrive,
              B7             D
Because I'll be here quite a while.
```

Instrumental

```
| Em  | Em  | Am  | Am  |
| C   | C   | B7  | B7  |
| Em  | Em  | A   | A   |
| C   | C   | B7  | D   ||
```

If I Can't Change Your Mind

Words & Music by
Bob Mould

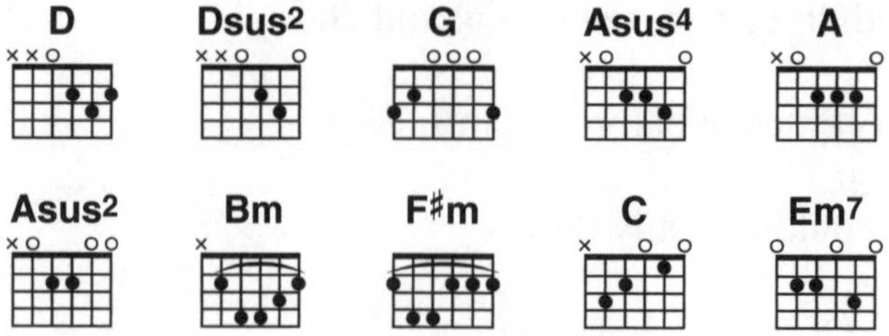

Capo third fret

Intro ‖: D Dsus2 D | G | D Dsus2 D | Asus4 A Asus2 A :‖

Verse 1

D G
Tears fill up my eyes:

D Asus4 A Asus2 A
I'm washed away with sor - - - row,

D G
And somewhere in my mind

D Bm F♯m
I know there's no tomor - row.

G Asus4 A Asus2 A
Oh I see you're lea - ving soon,

D A Bm
I guess you've had your fill

F♯m G Asus4
But if I can't change your mind

A Asus4 A D Dsus2 D G
Then no - one will. ________

| D Dsus2 D | Asus4 A Asus2 A | D Dsus2 D |

| G | D Dsus2 D | Asus4 A Asus2 A ‖

Verse 2

D G
And all throughout the years

D Asus4 A Asus2 A
I've never strayed from you, my dear,

```
           D                  G
cont.      But you suspect I'm somewhere else,
                D             Bm     F#m
           You're feeling sorry for yourself.
           G                Asus4  A  Asus2   A
           Leaving with a bro  -  ken heart,
            D        A    Bm   F#m
           I love you even still
                G              Asus4
           But if I can't change your mind
           A     Asus4  A   D Dsus2 D G
           Then no   -  one will. _________

           | D Dsus2 D | Asus4 A    Asus4  A | D Dsus2 D | G        |
                         If I      can't change your  mind. ____________

           | D Dsus2 D | Asus4 A Asus2 A ||

           F#m              G
Bridge     Even though my heart keeps breaking
           Bm                    C             D
           Don't you know that I'll be waiting here for you.
           F#m                G
           Then when you return,
           F#m               G
           When will you return?
             Bm
           I hope you see I'm dedicated,
           C
           Look how long that I have waited.
              Em7                                    G
           If you come back then you will find a different person,
           Asus4 A  Asus2  A    D       G
           If       you change your mind. _________

Guitar solo | D Dsus2 D | Asus4 A Asus2 A | D Dsus2 D |

            | G        | D Dsus2 D | Asus4 A Asus2 A ||

           D            G
Verse 3    How can I explain away
           D                Asus4  A  Asus2   A
           Something that I have  -  n't  done?
           D                 G
              And if you can't trust me now
                  D              Bm    F#m
           You'll never trust in any - one.
```

```
            G              Asus4  A       Asus2   A
cont.       With all the crazy doubts you've got
             D       A      Bm   F#m
            I love you even still
               G                     Asus4
            But if I can't change your mind
            A      Asus2   A    D       G
            Then no    -   one will. ________

            | D Dsus2 D | Asus4  A      Asus2   A   | D Dsus2 D | G         |
                          If I       can't change your    mind. ____________

            | D Dsus2 D | Bm  F#m ||

            G                    Asus4  A     Asus2   A
Verse 4     Someday you'll see I've     been true,
               D        A       Bm   F#m
            I'll stay that way until.
               G                      Asus4
            But if I can't change your mind
            A      Asus2   A    D          Dsus2  D | G        |
            Then no    -   one will. ______________________

            ||: D Dsus2 D | Asus4  A      Asus2   A   | D Dsus2 D | G      :||
                            If  I      can't change your    mind. ____________

            | D Dsus2 D | Asus4  A      Asus2   A   | D Dsus2 D | G         |
                          If  I      can't change your    mind. ____________

            | D Dsus2 D | Asus4 A Asus2 A |
            ____________________________

            | D        | G        | D        | Asus4   A  | D        ||
```

Just The One

Words & Music by
Mark Chadwick, Jeremy Cunningham, Simon Friend, Charles Heather & Jonathan Sevink

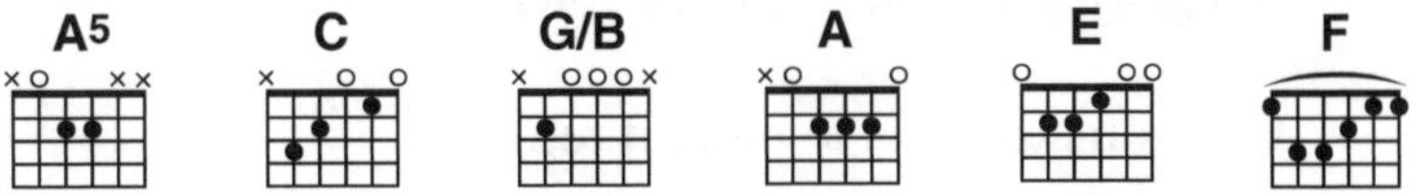

Capo third fret

Intro | A5 | A5 | C G/B C G/B | A5 ||

```
                          A5
Verse 1     D'you fancy a drink, just the one

            To clear your head, we won't be long,

            It's a beautiful day to waste away,

            There's plenty of time for another one.

                C                     G/B
Chorus 1    You know you shouldn't do it
                C              G/B
            You see no reason why,
                                A5
            So you blow your mind yeah, yeah, ah ha.

                         A5
Verse 2     Make mine  a short, I'm getting there

            But where is it I couldn't care.

            There must be something I haven't tried

            Perhaps that bottle before my eyes.

Chorus 2    As Chorus 1
```

Verse 3

A5
And through the haze the sun goes down,
It's getting late, let's hit the town.
Call some friends to paint it red,
Feed the animal in your head.

Chorus 3

C G/B
You know you shouldn't do it
C G/B
You see no reason why,
A5
So you blow your mind yeah, yeah, ah ha.

Verse 4

A5
They throw you out, you hit the night,
You go to a club, you feel alright.
You get a pill, you take just half
Then take the rest of it for a laugh.

Chorus 4

As Chorus 3

Instrumental

| A | A | A | A |
| E F | E F | E F | E F ||

Verse 5

N.C A5
Across the floor you think you see
The one in your dreams, your fantasy,
But that last drink has made you blind,
You need the bar but it's hard to find.

Chorus 5

As Chorus 3

Verse 6

A5
The brand new game you want to try

Called lining them up but who's the first to die?

You think you've won but it's time to leave

All back to yours for a cup of tea.

Chorus 6

C G/B
You know you shouldn't do it

C G/B
You see no reason why,

A5
So you blow your mind yeah, yeah, ah ha.

Verse 7

A5
When you find your keys you all pull in,

You spend an hour in search of skins.

When all seems lost and looking grim

You find the bottle of Christmas gin.

Chorus 7

As Chorus 6

Verse 8

A5
The rest is blank and that's the worst:

An empty head for an empty purse.

You had a laugh, or so you think

But in the morning you just stink.

Chorus 8

As Chorus 6

Coda

A5
So d'you fancy a drink, just the one

To clear your head, we won't be long.

If It's Hurting You

Words & Music by
Robbie Williams & Guy Chambers

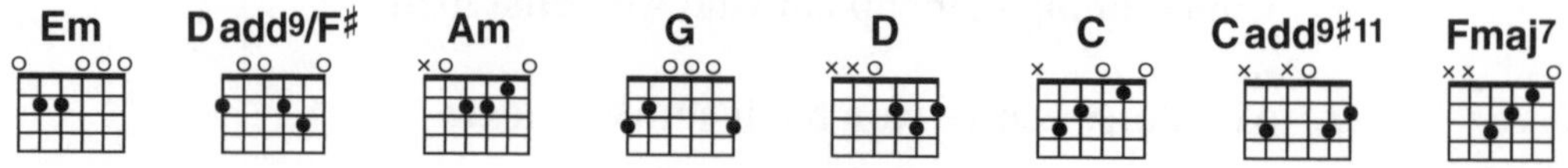

Intro | Em | Dadd9/F♯ | Em | Dadd9/F♯ ||

Verse 1

Em
Please don't think of me,
Dadd9/F♯
If you do you gotta block it.
Em
I got chills tonight
Dadd9/F♯
And you can't be here to stop it.
Am
I'm not a parasite,
G D Em | Dadd9/F♯ ||
It's just a lonely night, tonight.

Verse 2

Em
I walked from the bar
Dadd9/F♯
'Cause they were only laughing.
Em
I wished on our star
Dadd9/F♯
But they covered it in satin.
Am
I'm not a gigolo,
G D Em
That's what I want you to know tonight.

```
           C      Cadd9♯11                    Am
*Chorus 1* Ooh, ________ I've hurt you I can see.
           C      Cadd9♯11                                G
           Ooh, ________ do you think it's not hurting me?
           C      Cadd9♯11                        Fmaj7
           Ooh, ________ the grass ain't always green.
                     Am
           And if it's hurting you
           N.C.                              Em
           You know that it's hurting me,
           Dadd9/F♯                       Em       Dadd9/F♯
             You know that it's hurting me.

           Em
*Verse 3*    You'll meet other men
           Dadd9/F♯
             Who will break your heart.
           Em
             If I see you with them
           Dadd9/F♯
             It's gonna tear me apart.
           Am
             Maybe in another life
           G                 D               Em        | Em        ||
             We wouldn't be alone tonight.

           C      Cadd9♯11                    Am
*Chorus 2* Ooh, ________ I've hurt you I can see.
           C      Cadd9♯11                                G
           Ooh, ________ do you think it's not hurting me?
           C      Cadd9♯11                        Fmaj7
           Ooh, ________ the grass ain't always green.
                     Am
           And if it's hurting you
           N.C.                              Em
           You know that it's hurting me.

             Dadd9/F♯                        Em
*Coda*     ||: You know that it's hurting me.      :||  *Play 3 times*
           Dadd9/F♯
             You know that it's hurting (me.)

           | Em      | Dadd9/F♯ | Em       | Dadd9/F♯ | Em       ||
             me.
```

Into Your Arms

Words & Music by
Robyn St. Clare

D Dadd11 G Em A

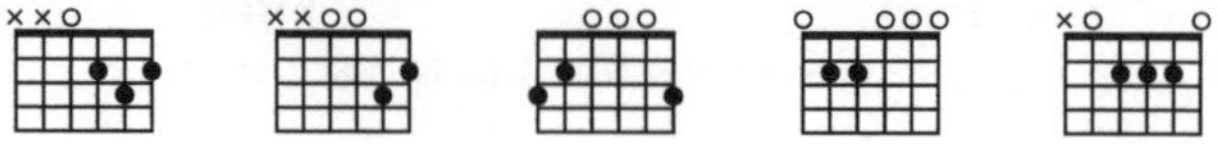

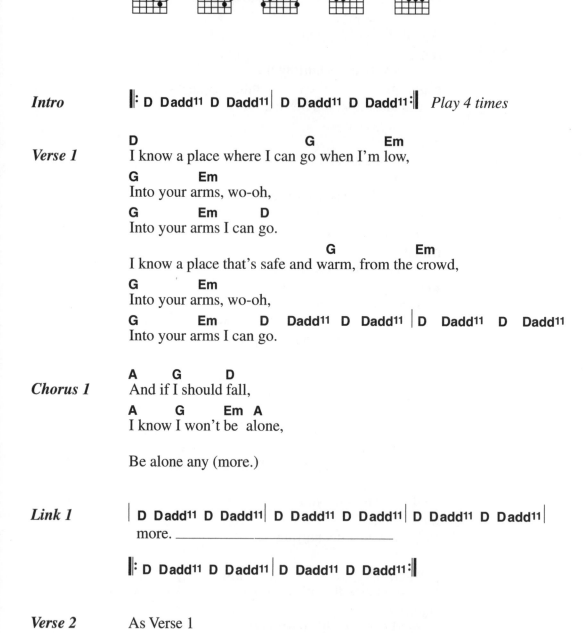

Intro 𝄆 D Dadd11 D Dadd11 | D Dadd11 D Dadd11 𝄇 *Play 4 times*

Verse 1

```
D                              G          Em
I know a place where I can go when I'm low,
G            Em
Into your arms, wo-oh,
G            Em        D
Into your arms I can go.
                                  G           Em
I know a place that's safe and warm, from the crowd,
G            Em
Into your arms, wo-oh,
G            Em        D   Dadd11 D Dadd11 | D  Dadd11  D  Dadd11
Into your arms I can go.
```

Chorus 1

```
A      G       D
And if I should fall,
A      G       Em  A
I know I won't be  alone,

Be alone any (more.)
```

Link 1

```
| D Dadd11 D Dadd11 | D Dadd11 D Dadd11 | D Dadd11 D Dadd11 |
  more. ________________________________

𝄆 D Dadd11 D Dadd11 | D Dadd11 D Dadd11 𝄇
```

Verse 2 As Verse 1

Chorus 2

```
A   G      D
So if I should fall,
A      G      Em  A
I know I won't be  alone,

Be alone any (more.)
```

Link 2

```
| D Dadd11 D Dadd11 | D Dadd11 D Dadd11 |
  more. ___________________________

| D Dadd11 D Dadd11 | D Dadd11 D Dadd11 |
```

Verse 3

```
D                              G          Em
I know a place where I can go when I'm low,
G          Em
Into your arms, wo-oh,
G          Em
Into your arms I can (go.)

| D Dadd11 D Dadd11 | D Dadd11 D Dadd11 |
  go. ___________________________

| D     Dadd11 D Dadd11 | D Dadd11 D Dadd11 | D          ||
  I can go. _________________________________
```

Ironic

Words by Alanis Morissette
Music by Alanis Morissette & Glen Ballard

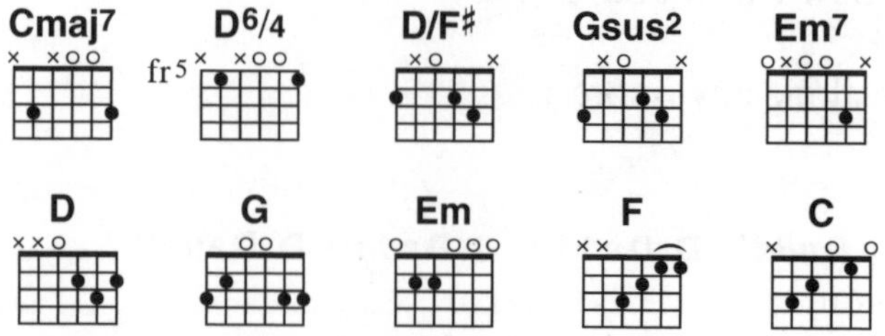

Capo 4th fret

Intro | Cmaj7 | D6/4 | Cmaj7 | Cmaj7 ||

Verse 1

```
   D/F♯ Gsus2 D/F♯          Em7
An old   man   turned ninety-eight,
   D/F♯                Gsus2 D/F♯                Em7
He won the lottery and     died the next day.
        D/F♯ Gsus2       D/F♯         Em7
It's a black fly in your Chardonnay,
        D/F♯          Gsus2       D/F♯          Em7
It's a death row pardon two minutes too late.
            D/F♯  Gsus2        D/F♯  Em7
Isn't it ironic?  Don't you think?
```

Chorus 1

```
               D  G              D         Em
It's like rain___   on your wedding day,
             D    G                D        Em
It's a free ride___  when you've already paid.
                    D    G              D          Em
It's the good advice___ that you just didn't take,
     F              C                 D
And who would've thought, it figures?
```

Verse 2

```
          D/F♯          Gsus2 D/F♯     Em7
Mister Play-It-Safe was  afraid to fly,
                  D/F♯ Gsus2              D/F♯        Em7
He packed his suit - case and kissed his kids good-bye.
                  D/F♯          Gsus2 D/F♯        Em7
He waited his whole damn life to  take that flight
```

cont.

```
                D/F♯          Gsus2
And as the plane crashed down he thought,
         D/F♯      Em7
"Well isn't this nice?"
                D/F♯  Gsus2      D/F♯  Em7
And isn't it ironic?  Don't you think?
```

Chorus 2

As Chorus 1

Bridge

```
      Cmaj7
Well life has a funny way of sneaking up
D6/4
On you when you think everything's okay and
Cmaj7                          D6/4
Everything's going right.
      Cmaj7
And life has a funny way of helping you
D6/4
Out when you think everything's going wrong and
Cmaj7
Everything blows up in your face.
```

Verse 3

```
   D/F♯  Gsus2               D/F♯         Em7
A traffic jam when you're already late,
      D/F♯     Gsus2       D/F♯    Em7
A no-smoking sign on your cigarette break.
         D/F♯       Gsus2
It's like ten thousand spoons
                D/F♯      Em7
When all you need is a knife,
    D/F♯                       Gsus2
It's meeting the man of my dreams
                D/F♯              Em7
And then meeting his beautiful wife.
               D/F♯  Gsus2      D/F♯    Em7
And isn't it ironic?  Don't you think?
               D/F♯ Gsus2       D/F♯           Em7
A little too ironic,  and yeah, I really do think.
```

Chorus 3

As Chorus 1

Outro

```
Cmaj7 D6/4               Cmaj7                            D6/4
            And you know life has a funny way of sneaking up on you,
Cmaj7                        D6/4             Cmaj7
Life has a funny, funny way of helping you out.

Helping you out.
```

Kiss Me

Words & Music by
Matt Slocum

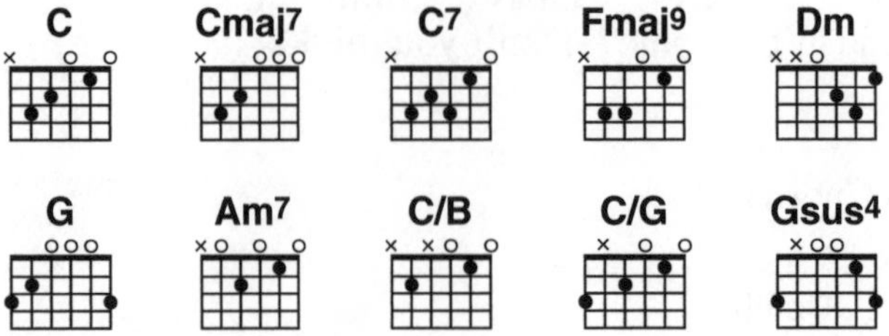

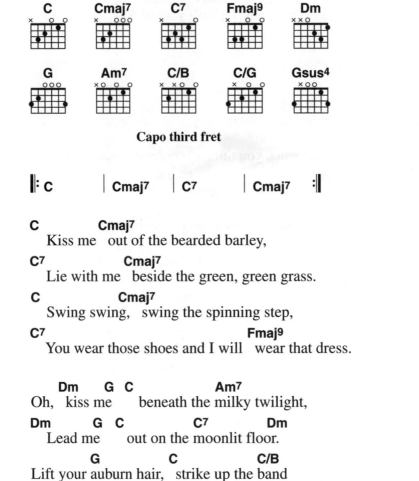

Capo third fret

Intro ‖: C | Cmaj7 | C7 | Cmaj7 :‖

Verse 1

C Cmaj7
Kiss me out of the bearded barley,
C7 Cmaj7
Lie with me beside the green, green grass.
C Cmaj7
Swing swing, swing the spinning step,
C7 Fmaj9
You wear those shoes and I will wear that dress.

Chorus 1

Dm G C Am7
Oh, kiss me beneath the milky twilight,
Dm G C C7 Dm
Lead me out on the moonlit floor.
G C C/B
Lift your auburn hair, strike up the band
Am7 C/G Fmaj9 Gsus4
And make the fireflies dance, silver moon sparkling,
G
So kiss (me.)

Link 1 | C | Cmaj7 | C7 | Cmaj7 ‖
me.

```
           C              Cmaj7
Verse 2       Kiss me   down by the broken tree house,
           C7            Cmaj7                      C
              Swing me   upon its hanging tyre.
                              Cmaj7
           Bring, bring,   bring your flower hat.
           C7                                          Fmaj9
              We'll take the trail marked on your   father's map.

                Dm      G  C                  Am7
Chorus 2   Oh,   kiss me      beneath the milky twilight,
           Dm          G  C                 C7          Dm
              Lead me      out on the moonlit floor.
                       G              C             C/B
           Lift your auburn hair,   strike up the band
                            Am7              C/G             Fmaj9       Gsus4
           And make the fireflies dance, silver moon sparkling,
           G
              So kiss (me.)

Link 2     | C        | Cmaj7   | C7       | Cmaj7    ||
             me.

Solo       | Dm  G    | C  Am7  | Dm  G    | C  C7    ||

                Dm      G  C                  Am7
Chorus 3   Oh,   kiss me      beneath the milky twilight,
           Dm          G  C                 C7          Dm
              Lead me      out on the moonlit floor.
                       G              C             C/B
           Lift your auburn hair,   strike up the band
                            Am7              C/G             Fmaj9       Gsus4
           And make the fireflies dance, silver moon sparkling,
           G
              So kiss (me.)

Link 3     |: C       | Cmaj7   | C7       | Cmaj7    :|  Play 3 times
             me.                             So kiss

           | C        | Cmaj7   | C7       | Cmaj7    | C        ||
             me.
```

Laid

Words & Music by
Tim Booth, Jim Glennie & Larry Gott

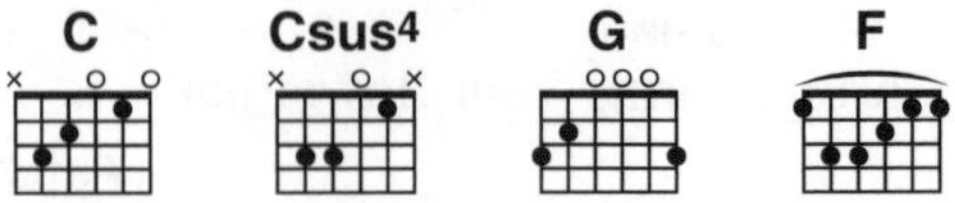


```
                       Play 3 times
Intro      |: C  Csus4  C | G        :| F          ||

           G                  C        Csus4   C  G
Verse 1       This bed is on fire with  passionate love,
                                 C                Csus4  C    G
           The neighbours complain about the noises    above,
                             C            Csus4  C  G   F
           But she only comes when she's    on  top.

           G               C            Csus4   C  G
Verse 2       My therapist said not to see you no  more,
                                       C            Csus4   C  G
           She said you're like a disease without    any  cure,
                                C               Csus4    C    G
           She said I'm so obsessed that I'm becom - ing a bore, oh no.
           F                           G      C   Csus4  C   G
              Ah, you think you're so pretty. ____________

               | C  Csus4  C | G      | C  Csus4  C | G     | F     | G     ||
Link 1     Ee, _ ee, ____________ ee. ___________

           C                 Csus4   C      G
Bridge        Caught your hand inside the till,
                                              C
           Slammed your fingers in the door,
                   Csus4        C         G
           Fought with kitchen knives and skewers.
```

```
          C                    Csus4  C          G
cont.        Dressed me up      in women's clothes,
                                                  F
          Messed around with gender roles
                                         G      C    Csus4  C   G
          Dye my eyes and call me pretty. _______________

             | C  Csus4 C | G       | C  Csus4  C | G     | F    ||
Link 2    Ee, _ ee, ____________ ee. ___________

          G                      C              Csus4  C    G
Verse 3      Moved out of the house, so you moved  next door;
                     C                  Csus4  C      G
          I locked you out, you cut a hole      in the wall.
                               C                Csus4      C    G
          I found you sleeping next to me, I thought I was alone.
                            F                             G
          You're driving me crazy, when are you coming home?


Coda      | C  Csus4  C | G         | C  Csus4  C | G        |
                                                    A-

          | C  Csus4  C | G         | F         | G         |
            ray ______ ee, ______ a - ray ___ ee, _________

          | C  Csus4  C | G         | C  Csus4  C | G        |
            _____________        ee, ____________________

          | C  Csus4  C | G       | F        | G        | C        ||
            _____________
```

Layla

Words & Music by
Eric Clapton & Jim Gordon

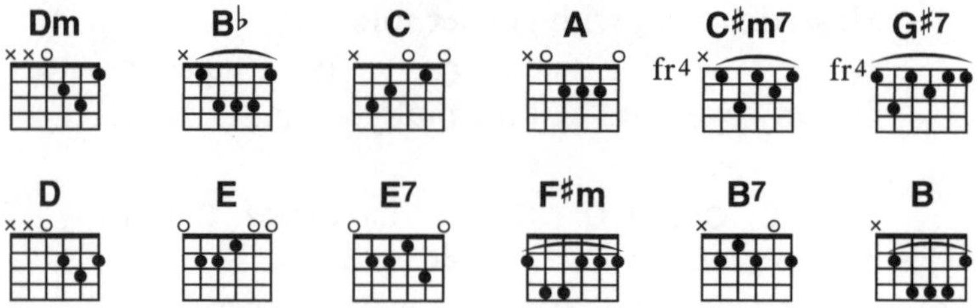

Intro | : Dm B♭ | C Dm : | *Play five times*
| Dm B♭ | C (A) (C) ||

Verse 1

C♯m7 G♯7
What will you do when you get lonely?
C♯m7 C D E E7
No-one waiting by your side.
F♯m B7 E B7 A
You've been runnin', hidin' much too long,
F♯m B E
You know it's just your foolish pride.

Chorus 1

A Dm B♭
Layla,
C Dm
Got me on my knees,
B♭
Layla,
C Dm
Beggin' darlin' please,
Dm B♭
Layla,
C Dm B♭ | C (A) (C) ||
Darlin' won't you ease my worried mind?

Verse 2

```
C#m7                      G#7
   Tried to give you consolation
C#m7        C    D      E      E7
   Your old man let you down.
F#m      B7    E     B7      A
   Like a fool, I fell in love with you,
F#m             B                   E
   You turned my whole world upside down.
```

Chorus 2 As Chorus 1

Verse 3

```
C#m7                      G#7
   Make the best of the situation
C#m7       C      D   E    E7
   Before I finally go insane.
F#m              B7        E     B7   A
   Please don't say we'll never find a way,
F#m        B              E    A
   Tell me all my love's in vain.
```

Chorus 3

```
      Dm  Bb
‖: Layla,
C            Dm
Got me on my knees,
     Bb
Layla,
C             Dm
Beggin' darlin' please,
   Dm  Bb
Layla,
C                 Dm                       Bb  C  Dm
Darlin' won't you ease my worried mind?              :‖ Repeat
```

Solo

```
‖: Dm   Bb  | C    Dm  :‖
```

Play 8 times

Chorus 4 As Chorus 3

Late In The Day

Words & Music by
Gareth Coombes, Daniel Goffey, Michael Quinn & Robert Coombes

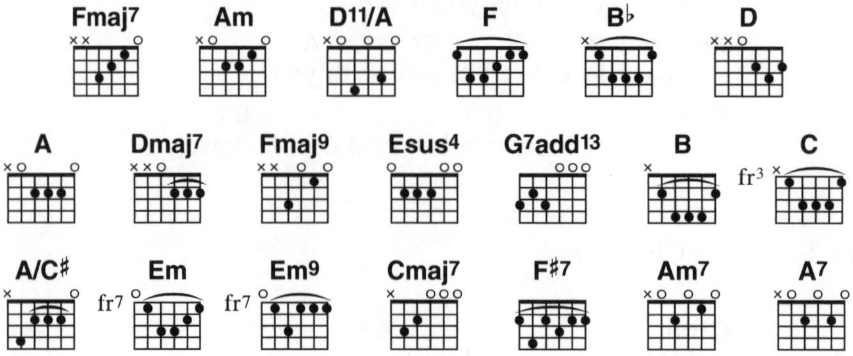

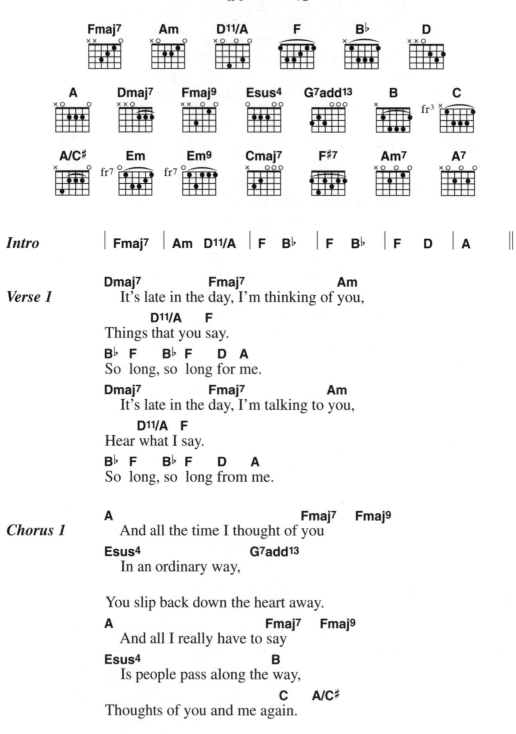

Intro | Fmaj7 | Am D11/A | F B♭ | F B♭ | F D | A ||

Verse 1

Dmaj7 Fmaj7 Am
It's late in the day, I'm thinking of you,
D11/A F
Things that you say.
B♭ F B♭ F D A
So long, so long for me.
Dmaj7 Fmaj7 Am
It's late in the day, I'm talking to you,
D11/A F
Hear what I say.
B♭ F B♭ F D A
So long, so long from me.

Chorus 1

A Fmaj7 Fmaj9
And all the time I thought of you
Esus4 G7add13
In an ordinary way,

You slip back down the heart away.
A Fmaj7 Fmaj9
And all I really have to say
Esus4 B
Is people pass along the way,
C A/C♯
Thoughts of you and me again.

Verse 2

Dmaj7 Fmaj7 Am
I lay on my bed, searching my mind,
D11/A F
Writing my love.
B♭ F B♭ F D A
So long, so long for me.
Dmaj7 Fmaj7 Am
I sleep on the road, dream of a sound
D11/A F
Coming my way.
B♭ F B♭ F D A
So long, so long for me.

Chorus 2

A Fmaj7 Fmaj9
And all the time I thought of you
Esus4 G7add13
In an ordinary way,

Check back down the heart away.
A Fmaj7 Fmaj9
And all I really have to say
Esus4 B
Is people pass along the way,
C A/C♯
Thoughts of you and me again.

Instrumental

Em	Em9	Cmaj7	F♯7 D
Am7	Am7	Em	Em9
Cmaj7	F♯7 D	A7	A7	

Guitar solo

||: Dmaj7 | Fmaj7 | Am D11/A |
| F B♭ | F B♭ | F D | A :|| A ||

```
            A                               Fmaj7     Fmaj9
Chorus 3      And all the time I thought of you
            Esus4                     G7add13
              In an ordinary way,

            You slip back down the heart away.
            A                         Fmaj7     Fmaj9
              And all I really have to say
            Esus4                               G7add13
             As people pass along the way,
                                      A
            I close my eyes and turn away.

            A                               Fmaj7     Fmaj9
Chorus 4      And all the time I've been with you
            Esus4                     G7add13
             In an ordinary day,

            You trip up down the heart away.
            A                         Fmaj7     Fmaj9
              And all I really have to say
            Esus4                               B
              Is people pass along the way,
                                      C     A/C#   | Dmaj7   ||
            Thoughts of you and me again.
```

The Life Of Riley

Words & Music by
Ian Broudie

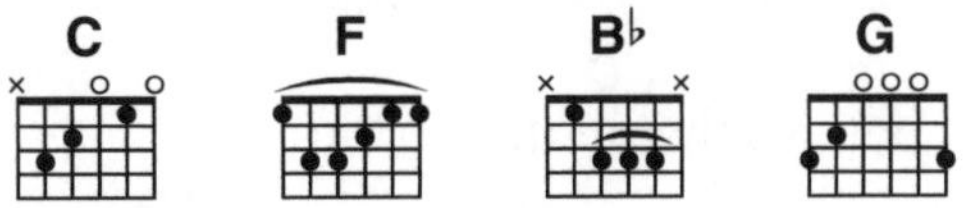

Intro

| C F | B♭ F B♭ F | C F | B♭ F B♭ F |

| C | C | C | C ||

Verse 1

C
Lost in the milky way,
F
Smile at the empty sky
C
And wait for the moment
F
A million chances may all collide.

Verse 2

C
I'll be the guiding light,
F
Swim to me through stars
C
That shine down and call
F
To the sleeping world as they fall to earth.

Pre-chorus 1

C
So here's your life,
F
We'll find our way,
C
We're sailing blind,
F
But it's certain nothing's certain.

Chorus 1

```
C
I don't mind,
 F                  C
I _ get the feeling you'll be fine,
 F                    C
I _ still believe that in this world
   F                    G
We've got to find the time,
                     C   F   | B♭   F B♭ F | C   F   | B♭   F B♭ (F) ||
For the life of Riley.
```

Verse 3

```
F    C
From cradles and sleepless nights,
     F
You breathe in life forever,
     C
And stare at the world
                         F
From deep under eiderdown.
```

Pre-chorus 2

```
    C
So here's your life,
       F
We'll find our way,
       C
We're sailing blind,
         F
But it's certain nothing's certain.
```

Chorus 2

```
C
I don't mind,
 F                  C
I _ get the feeling you'll be fine,
 F                    C
I _ still believe that in this world
   F                   G
We've got to find the time

For the first time.
```

Chorus 3

```
C
I don't mind,
 F                  C
I _ get the feeling you'll be fine,
 F                    C
I _ still believe that in this world
```

cont.

```
     F                    G
We've got to find the time
                C      | C     | C     | C     |
For the life of Riley.
G
All this world is a crazy ride,
       F                  G
Just take your seat and hold on tight.
```

Pre-chorus 3

```
   C
So here's your life,
       F
We'll find our way,
      C
We're sailing blind,
        F
But it's certain nothing's certain.
```

Chorus 4

```
C
I don't mind,
 F                C
I _ get the feeling you'll be fine,
 F                  C
I _ still believe that in this world
   F                G
We've got to find the time,

For the first time.
```

Chorus 5

```
C
I don't mind,
 F                C
I _ get the feeling you'll be fine,
 F                  C
I _ still believe that in this world
   F                G
We've got to find the time,
                C    F
For the life of Riley,
Bb      F Bb F C     F
   The life of  Ri - ley,
Bb      F Bb F C     F
   The life of  Ri - ley,
Bb      F Bb F C
   The life of  Ri - ley.
```

The Liar's Club

Words & Music by
Christiaan Webb & Justin Webb

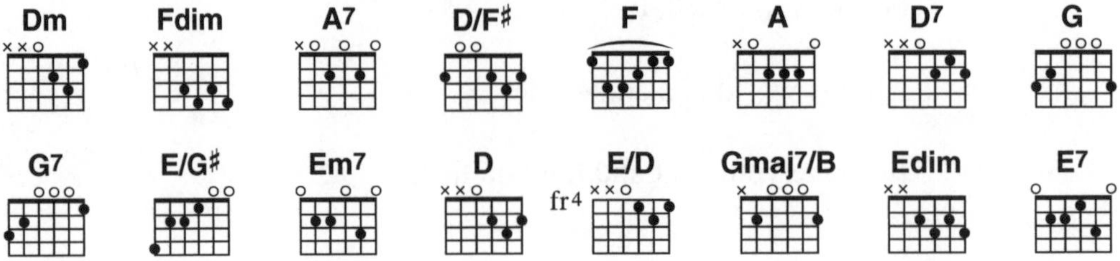

Intro | Dm | Dm Fdim | Fdim | A7 | A7 ||

Verse 1

D/F♯
We're the liar's club,
F A D/F♯
We get together to pretend that everything is fun;
F A D7 G
Where everyone looks perfect and the party's never done
G7 E/G♯
Till we see the sun, see the sun.

Verse 2

D/F♯
We all know the rules,
F A D/F♯
We hit the trendy spots in groups of threes and fours and twos;
F A D7 G
Where everyone's important and the poison that you choose
G7 E/G♯
Can't catch up to you, just your friends.

Chorus 1

G Em7
Don't frown, don't pout, don't snivel , don't cry,
G Em7
Don't cough, don't choke, don't think, don't die.

Verse 3

D/F♯
We're the liar's club,
F A D/F♯
Now we're getting older but we like to think we're young

cont.

F A D7 G
And when the lights are low I look as if I'm twenty-one; ____
G7 E/G♯
Very young, very young.

Verse 4

D/F♯
We all know the rules,
F A D/F♯
So if I owe you money I will pay you back real soon.
F A D7 G
Don't call me in the morning, call me in the afternoon,
G7 E/G♯
The afternoon, afternoon.

Chorus 2

G Em7
Don't frown, don't pout, don't snivel , don't cry,
G E7
Don't cough, don't choke, don't think, don't die.

Bridge 1

D E/D
You give yourself away, you give yourself away,
Em7 Gmaj7/B A N.C.
And everyone will see that you're unhealthy.

Verse 5

D/F♯
We're the liars club,
F A D/F♯
Forget each other's names but that don't matter much to us,
F A D7 G
There's always someone new to meet and someone else to love,
G7 E/G♯
Join the club, join the club,
Edim D
Join the club, join the club.

Chorus 3

G Em7
Don't frown, don't pout, don't snivel , don't cry,
G E7
Don't cough, don't choke, don't think, don't die.

Bridge 2

D E/D
You give yourself away, you give yourself away,
Em7 Gmaj7/B A N.C.
And everyone will see that you're unhappy.

Coda

| D | F A | D ||

Lithium Sunset

Words & Music by Sting

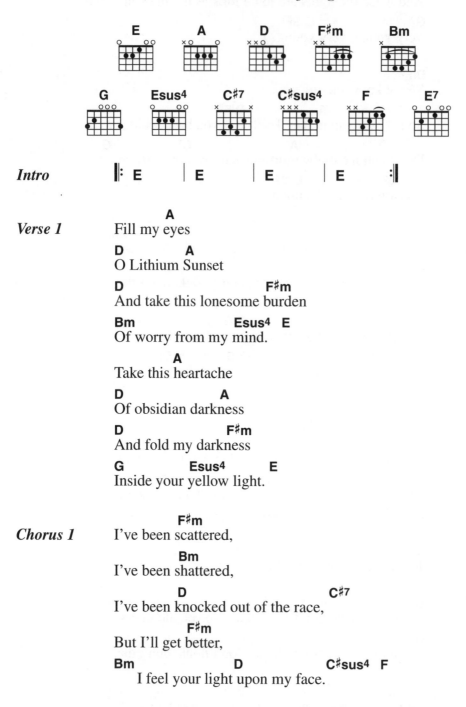

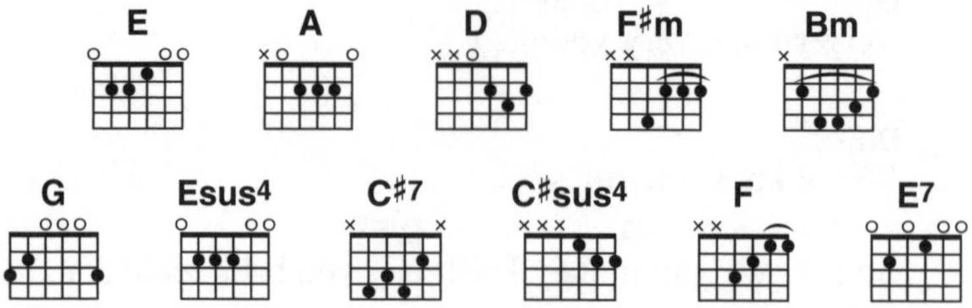

Intro |: E | E | E | E :|

Verse 1

```
          A
Fill my eyes
D            A
O Lithium Sunset
D                        F♯m
And take this lonesome burden
Bm                   Esus4  E
Of worry from my mind.
            A
Take this heartache
D                  A
Of obsidian darkness
D                  F♯m
And fold my darkness
G              Esus4        E
Inside your yellow light.
```

Chorus 1

```
              F♯m
I've been scattered,
              Bm
I've been shattered,
              D                      C♯7
I've been knocked out of the race,
               F♯m
But I'll get better,
Bm                  D                  C♯sus4  F
   I feel your light upon my face.
```

Verse 2

(F) A
Heal my soul

D A
Of Lithium Sunset

D A
And I'll ride the turning world

E7
Into another night, into another night,

Into another night.

A
See Mercury falling,

D A
‖: See Mercury falling. :‖ *Repeat ad lib. to fade*

Little Star

Words & Music by
Stina Nordenstam

B♭sus2 C F

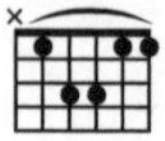

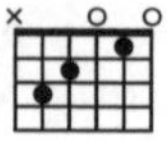

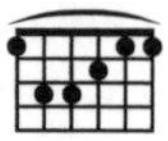

Verse 1

N.C. B♭sus2
Little star, ______

C
So you had to go.

F C B♭sus2
You must have wanted him to know,

F C B♭sus2
You must have wanted the world to know.

F C
Poor little thing,

B♭sus2 F C B♭sus2
And now they know.

Verse 2

N.C. B♭sus2
Little star, ______

C
I had to close my eyes.

F C B♭sus2
There was a fire at the warehouse,

F C B♭sus2
They're always waiting for a thing like this.

F C B♭sus2
Came driving from all over town

F C B♭sus2
For you, __ little star.

Instrumental

B♭sus2	B♭sus2	C	C
F C	B♭sus2	F C	B♭sus2
F C	B♭sus2	F C	B♭sus2

Verse 3

```
N.C.          B♭sus2
Little star, ______
          C
So you had to go.
F                  C                  B♭sus2
   You must have wanted him to know,
F                  C                     B♭sus2
   You must have wanted the world   to know.
     F            C  B♭sus2
Poor little thing.
         F            C  B♭sus2
And now they know.
```

Instrumental

```
||: F   C   | B♭sus2   | F   C   | B♭sus2   :||  Play 3 times
   With vocal backing
```

Coda

```
    F     C
For you, ___
   B♭sus2  F  C  B♭sus2
Little star.

| F   C   | B♭sus2
```

Love Is Stronger Than Death

Words & Music by
Matt Johnson

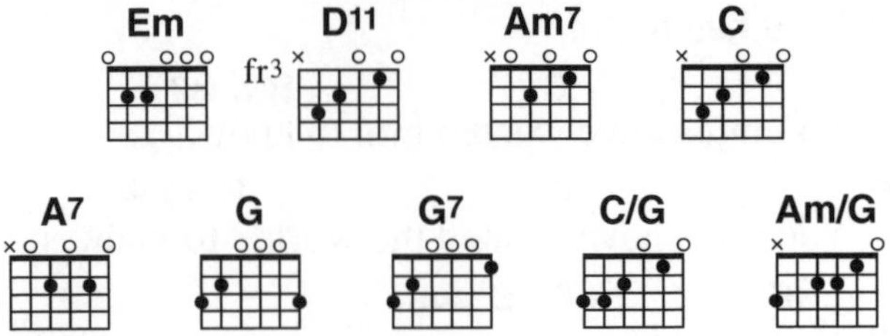

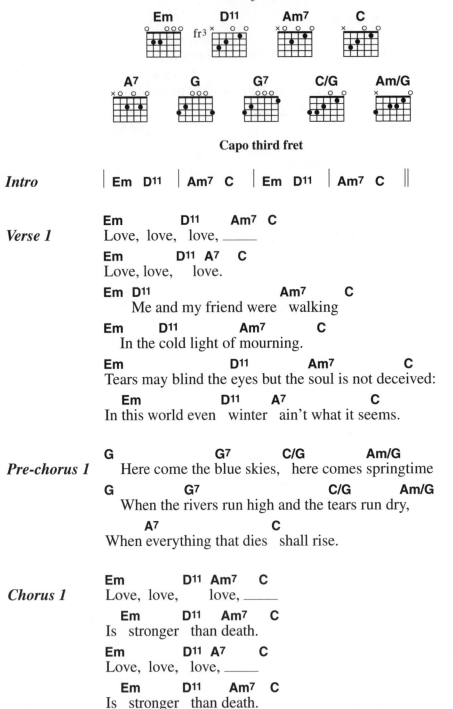

Capo third fret

```
Intro       | Em   D11  | Am7  C  | Em   D11  | Am7  C  ||

            Em             D11       Am7  C
Verse 1     Love, love,   love, ____
            Em            D11  A7    C
            Love, love,    love.
            Em  D11                          Am7         C
                 Me and my friend were  walking
            Em        D11            Am7           C
              In the cold light of mourning.
            Em                      D11          Am7              C
            Tears may blind the eyes but the soul is not deceived:
              Em                  D11      A7                C
            In this world even  winter  ain't what it seems.

            G                      G7         C/G            Am/G
Pre-chorus 1  Here come the blue skies,  here comes springtime
            G               G7                          C/G        Am/G
              When the rivers run high and the tears run dry,
                 A7                     C
            When everything that dies  shall rise.

            Em             D11  Am7     C
Chorus 1    Love, love,       love, ____
              Em          D11    Am7    C
            Is  stronger  than death.
            Em             D11  A7      C
            Love, love,   love, ____
              Em          D11     Am7   C
            Is  stronger  than death.
```

Link ‖: Em | Em | Am7 | Am7 :‖

Verse 2

```
Em  D11              Am7     C
    In our lives we   hunger
Em    D11               Am7     C
  For those we cannot touch,
         Em          D11                  Am7            C
All the thoughts unuttered and all the feelings unexpressed
Em         D11                      A7              C
  Play upon our hearts like the mist upon our breath.
         Em       D11      A7       C
But awoken by grief our   spirits   speak
 Em                 D11          A7                    C
"How could you believe, that the life within the seed
             Em        D11            Am7        C
That grew arms that reached, and a heart that beat,
     Em                 D11            A7
And lips that smiled, and eyes that cried, ___
  C
Could ___ ever die?"
```

Pre-chorus 2 As Pre-chorus 1

Chorus 2

```
   Em          D11     Am7  C
‖: Love, love,       love, ___
 Em        D11    Am7     C
Is   stronger   than death.
Em           D11  A7     C
Love, love,  love, ___
 Em        D11    Am7     C
Is   stronger   than death.     :‖
```

Coda

```
Em  D11     Am7    C
        Shall rise, ___
Em  D11  A7          C
         Shall rise, ___
Em  D11  Am7         C
         Shall rise, ___
Em  D11  A7          C         Em
         Shall rise. ___
```

The Man Who Sold The World

Words & Music by
David Bowie

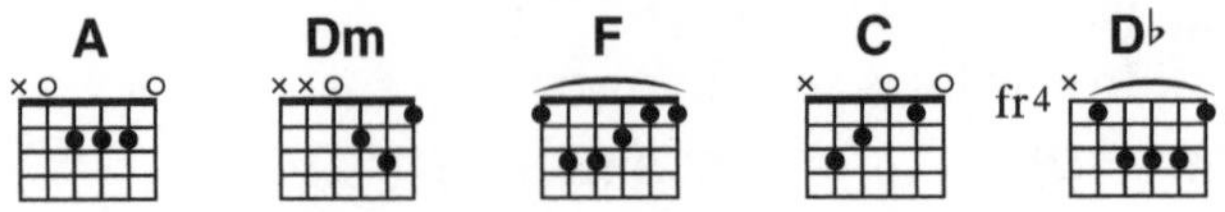

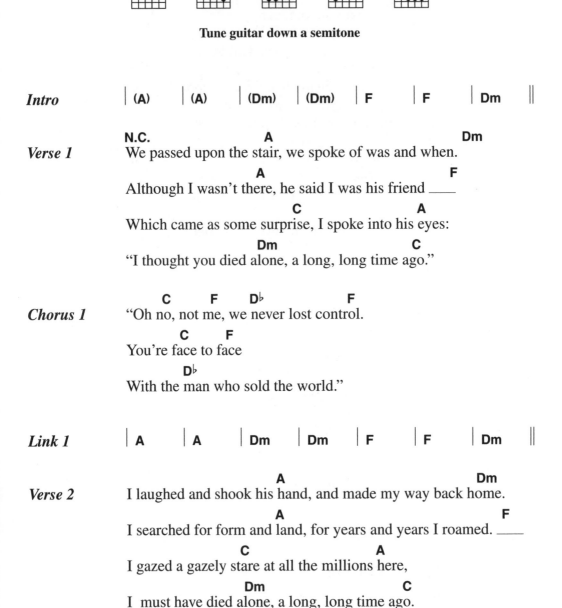

Tune guitar down a semitone

Intro | (A) | (A) | (Dm) | (Dm) | F | F | Dm ||

Verse 1
```
N.C.                      A                        Dm
We passed upon the stair, we spoke of was and when.
                      A                    F
Although I wasn't there, he said I was his friend ___
                        C                  A
Which came as some surprise, I spoke into his eyes:
                    Dm                  C
"I thought you died alone, a long, long time ago."
```

Chorus 1
```
     C     F    D♭            F
"Oh no, not me, we never lost control.
         C     F
You're face to face
         D♭
With the man who sold the world."
```

Link 1 | A | A | Dm | Dm | F | F | Dm ||

Verse 2
```
                           A                     Dm
I laughed and shook his hand, and made my way back home.
                           A                        F
I searched for form and land, for years and years I roamed. ___
                    C                  A
I gazed a gazely stare at all the millions here,
                  Dm                  C
I  must have died alone, a long, long time ago.
```

Chorus 2

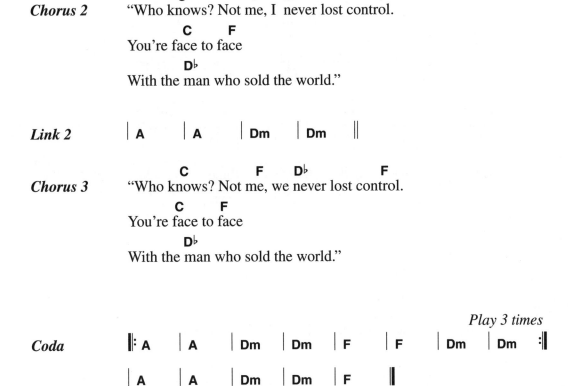

```
          C         F    D♭          F
"Who knows? Not me, I  never lost control.
          C      F
You're face to face
          D♭
With the man who sold the world."
```

Link 2

```
| A    | A    | Dm    | Dm    ||
```

Chorus 3

```
          C          F    D♭         F
"Who knows? Not me, we never lost control.
         C      F
You're face to face
         D♭
With the man who sold the world."
```

Coda

Play 3 times

```
||: A  | A  | Dm  | Dm  | F  | F  | Dm  | Dm  :||
| A    | A  | Dm  | Dm  | F  ||
```

Lover, You Should've Come Over

Words & Music by
Jeff Buckley

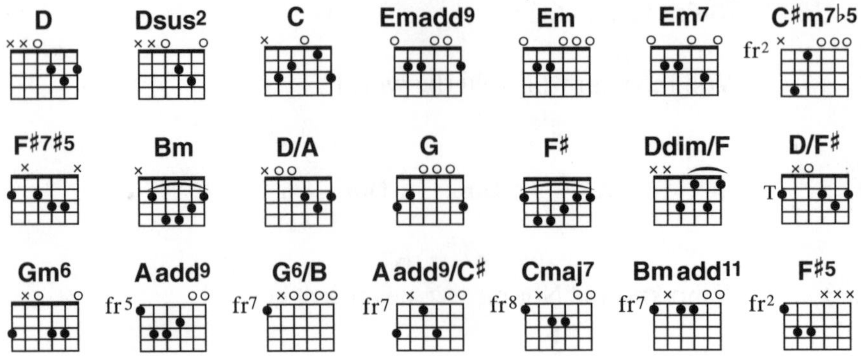

Intro **Organ for 12 bars**

D pattern

| **D Dsus2 D Dsus2** | **D Dsus2 D C** | **Em add9 Em** | **Em7 Em** ||

Verse 1

D pattern C Em add9 Em
Looking out the door I see the rain fall upon the funeral mourners
D pattern C Em add9
Parading in a wake of sad relations as their shoes fill up with water.
Em7 Em C♯m7♭5 F♯7♯5 Bm D/A G
Maybe I'm too young to keep good love from going wrong
D pattern C
But tonight, you're on my mind
Em add9 Em Em7 Em
So you'll never know.

Verse 2

D pattern C Em add9
I'm broken down and hungry for your love, with no way to feed it.
Em7 Em D pattern
Where are you tonight,
C Em add9 Em Em7 Em
Child you know how much I need it.
C♯m7♭5 F♯7♯5 Bm D/A G F♯
Too young to hold on and too old to just break free and run.

Bridge 1

Bm Em
Sometimes a man gets carried away

Bm Em
When he feels like he should be having his fun,

Bm Em
And much too blind to see the damage he's done.

C
And sometimes a man must awake

Em Em add9 Em7 Ddim/F
To find that really he has no-one. ________

Chorus 1

D/F♯ Gm6
So I'll wait for you and I'll burn,

Aadd9 G6/B
Will I ever see your sweet return?

Aadd9/C♯
Oh, will I ever learn?

Cmaj7 Bmadd11 Aadd9/C♯ G6/B Aadd9 F♯5 Em Em9
Oh, oh, oh lover, you should've come over

Em D/A
'Cause it's not too late.

C Em add9 Em Em7
Mmm. ____

Verse 3

D pattern
Lonely is the room, the bed is made,

C Em add9 Em Em7 Em
The open window lets the rain in.

D pattern
Burning in the corner is the only one

C Em add9 Em Em7 Em
Who dreams he had you with him.

C♯m7♭5 F♯7♯5 Bm D/A G
My body turns _ and yearns for a sleep that won't ever come.

Bridge 2

Ddim/F D C Em add9 Em
It's never over; my kingdom for a kiss upon her shoulder.

Em add9 D
It's never over, all my riches for her smiles,

C Em add9 Em Em7
When I slept so soft against her.

D C Em add9 Em
It's never over, all my blood for the sweetness of her laughter.

Em add9 D C Em add9 Em
It's never over, she's a tear that hangs inside my soul forever.

```
         C#m7b5                        F#7#5
cont.      Ah, but maybe I'm just too young
           Bm                  D/A     G       Gm6
         To keep good love from  going wrong.


Chorus 2 | D         | Gm6       | Aadd9     | G6/B      |
         With vocal ad lib.

         | Aadd9/C#  | Cmaj7  Bmadd11 |

         Aadd9/C#  G6/B    Aadd9     F#5     Em   Em add9   Em7
         Lover,          you should've come over,              yeah, yeah yes.


           D                           Gm6
Chorus 3 I feel too young to hold on,
             Aadd9                         G6/B
         I'm much to old to break free and run,
             Aadd9/C#                                   Cmaj7   Bmadd11
         Too deaf, dumb and blind to see the damage I've done.
                 Aadd9/C#  G6/B   Aadd9    F#5    Em   Em add9
         Sweet lover,          you should've come over.
           Em7
         Oh,  love but I've waited for you.


Chorus 4 | D         | Gm6       | Aadd9     | G6/B      |
         With vocal ad lib.

         | Aadd9/C#  | Cmaj7  Bmadd11 |

         Aadd9/C#  G6/B    Aadd9     F#5    Em     Em add9   Em
         Lover,          you should've come over


         Em7        D     C   Em add9
Coda     It's not too late.
```

Nothing Ever Happens

Words & Music by
Justin Currie

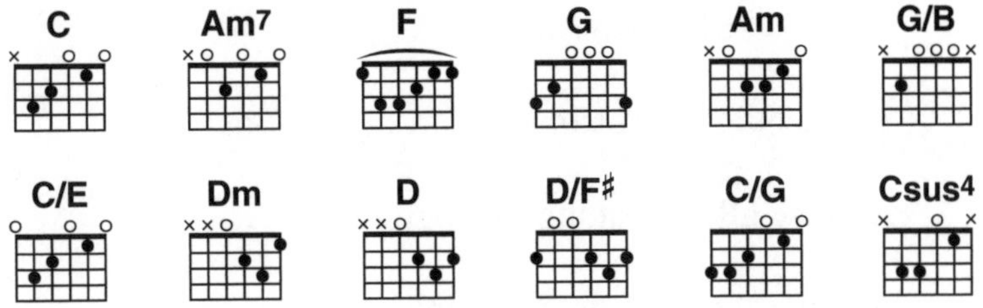

Capo fifth fret

Intro | C | C ||

Verse 1

```
C                                                   Am7
Post Office clerks put up signs saying 'Position Closed'
    C                                                  Am7
And secretaries turn off typewriters and put on their coats,
    F                       C            G                   F
And janitors padlock the gates for security guards to patrol,
                               C
And bachelors phone up their friends for a drink
          G                    F
While the married ones turn on a chat show.
              C                F                 C
And they'll all be lonely tonight and lonely tomorrow.
```

Verse 2

```
C                                                     Am7
'Gentlemen, time please, you know we can't serve any more.'
           C                                                Am7
Now the traffic lights change to stop when there's nothing to go.
          F                   C
And by five'o'clock everything's  dead,
     G                  F
And every third car is a cab,
                          C
And ignorant people sleep in their beds
         G                 F
Like the doped white mice in the college lab.
```

Chorus 1

```
          C             F
And nothing ever happens,
C                    F
   Nothing happens at all:
         Am                    F
The needle returns to the start of the song
          G                    F
And we all sing along like before,
             C             F
And we'll all be lonely tonight
                C
And lonely tomorrow.
```

Verse 3

```
         C                                          G/B     Am7
The telephone exchanges click while there's nobody there.
         C
The Martians could land in the car park
                         Am7
And no-one could care.
         F                           C
The close-circuit cameras in department stores
            G                   F
Shoot the same movie everyday
                                                C
And the stars of these films neither die nor get killed,
          G                      F      C/E  Dm  G/B
Just survive constant action replay.
```

Chorus 2 As Chorus 1

Bridge

```
| D        | Am7      | D        | Am7      |
| C    D   | C/E  D/F# | C/G     ||
```

Verse 4

```
         C                                                Am7
And bill hoardings advertise products that nobody needs,
           C
While 'Angry from Manchester' writes
                         Am7
To complain about all the repeats on TV;
```

```
          F                    C
cont.     And computer terminals report
                         G                F
          Some gains in the values of copper and tin,
                                          C
          While American businessmen snap up Van Goghs
                  G                   F      C/E  Dm  G/B
          For the price of a hospital wing.

              C           F
Chorus 3  And nothing ever happens,
          C                 F
            Nothing happens at all:
              Am               F
          The needle returns to the start of the song
                  G              F
          And we all sing along like before.
              C           F
          And nothing ever happens,
          C                 F
            Nothing happens at all:
                 Am                      F
          They'll burn down the synagogues at six o'clock,
                  G               F
          And we'll all go along like before,
                     C            Csus4
          And we'll all be lonely tonight
                      C
          And lonely tomorrow.
```

Perfect

Words & Music by
Mark E. Nevin

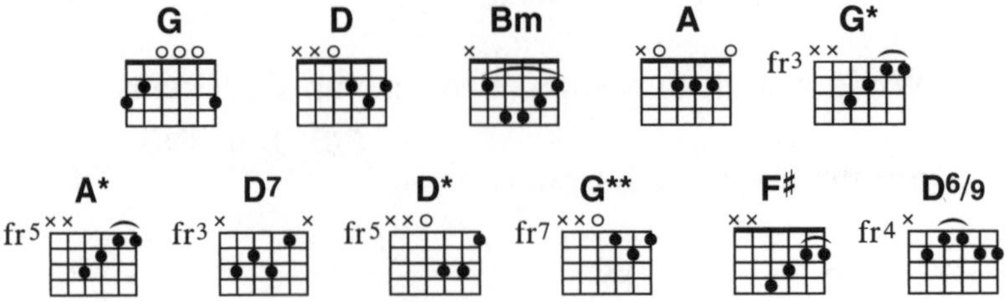

Verse 1

```
N.C.      (G)                   (D)
I don't want half-hearted love affairs,
             (G)         (D)
I need someone who really cares.
           (G)             (Bm)
Life is too   short to play silly games,
                 (G)  (A)             D     G*  A*  D
I've promised myself    I won't do that again.
```

Chorus 1

```
    D7     G*      A* D*        G**  D*
It's got to be ___    perfect,
    D7     G*      A* D*        G**    D*
It's got to be ___    worth it, yeah.
     D7   G*                 F♯
Too many people take second best
    Bm          A         G
But I won't take anything less
           G*    A*   G*   D
It's got to be, yeah,  per - fect.
```

Verse 2

```
N.C.               (G)                     (D)
Young hearts are foolish, they make such mistakes;
                     (G)                   (D)
They're much too eager to give their love away.
                    (G)          (Bm)
Well I have been   foolish too many times
              (G)      (A)            D     G*  A*  D
Now I'm determined   I'm gonna get it right.
```

Chorus 2

```
     D7     G*      A*  D*        G**  D*
It's got to be ___      perfect,
     D7     G*      A*  D*        G**    D*
It's got to be ___      worth it, yeah.
      D7    G*                    F#
Too many people take second best
     Bm           A        G
But I won't take anything less
            G*     A*   G*   D
It's got to be, yeah,  per - fect.
```

Solo

```
|: G*      | G*       | D*   G**  | D*  G**   D* :|

| G     | G     | Bm    | Bm    | G*    | A*    | D*  G* | D      ||
```

Verse 3

```
N.C.                 (G)                            (D)
Young hearts are foolish, they make such mistakes;
                      (G)                         (D)
They're much too eager to give their love away.
                     (G)                  (Bm)
Well I have been   foolish too many times
               (G)       (A)                  D      G*  A*  D
Now I'm determined   I'm gonna get it right.
```

Chorus 3

```
     D7     G*      A*  D*        G**  D*
It's got to be ___      perfect,
     D7     G*      A*  D*        G**    D*
It's got to be ___      worth it, yeah.
      D7    G*                    F#
Too many people take second best
     Bm           A        G
But I won't take anything less.
            G*     A*   G*   D
It's got to be, yeah,  per - fect,
     D7     G*            A*   G*          D
It's got to be, _____  yeah,  worth _____ it.
     D7     G*      A*      G*     D6/9
It's got to be, _____  per  -  fect.
```

The Obvious Child

Words & Music by
Paul Simon

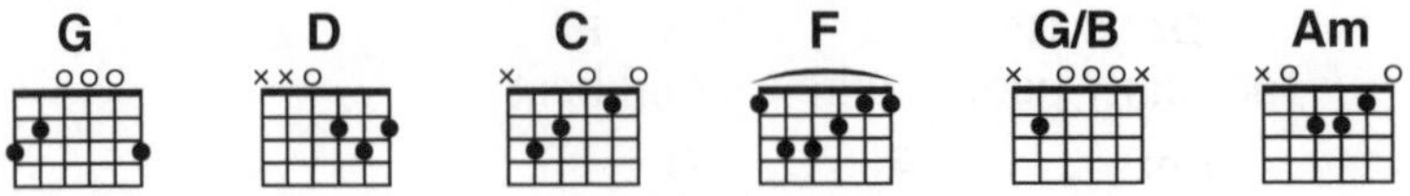

Capo first fret

Intro | **Drums** ||

Verse 1

N.C. G
Well, I'm accustomed to a smooth ride
D G D G
Or maybe I'm a dog who's lost its bite.
D G C F C
I don't expect to be treated like a fool no more,
G D G
I don't expect to sleep through the night.
D C G D G
Some people say a lie's a lie's a lie
G C F C
But I say why, why deny the obvious child?
F C G
Why deny the obvious child?

Verse 2

D C G D C
And in remembering a road sign
G D C G D C G C F C
I am remembering a girl when I was young ________
G D G
And we said, "These songs are true
D C G
These days are ours,
D G C G
These tears are free." Hey!
C F C
The cross is in the ballpark,
F C G
The cross is in the ballpark.

```
               G                                   D  C
Verse 3   We had a lot of fun, we had a lot of money,
               G                                          D  C
          We had a little son and we thought we'd call him Sonny.
          C        D          G
          Sonny gets married and moves away,
          C          D        G
          Sonny's got a baby and bills to pay;
          C        D      G          C     D
          Sonny gets sunnier day by day, by day by day.
          G          N.C.
            Doh, doh,  doh, doh.
          G        N.C.
          Doh, doh,  doh, doh.

                           D     C   G
Verse 4   Well, I've been waking up at sunrise,
                       D    C     G     D      G
          I've been following the light across my room,
            D    G  C              F      C  G   D
          I watch the night receive the room of my day.
          G     D     C     G     D     G
            Some people say the sky is just the sky
              D G  C             F     C
          But I   say  why deny the obvious child?
                          F     C     G
          Why deny the obvious child?
          C     G   C    G  C  G  C  G
          Mm, ___   mm. ___

          C     G   C   G  D          C
Verse 5   Sonny sits by  his window and thinks to himself
                   G     C  G    D        C
          How it's strange that some rooms are like cages.
                   G     C G    D          C
          Sonny's yearbook from high school is down from the shelf
          D      G  C  G  D           C
          And he id - ly ___ thumbs through the pages:
                G/B  Am            G              C
          Some have died, some have fled from themselves,
          G  C   G/B Am  G    C  D
          Or  struggled from here to get there.
          C    G  C  G    D        C
          Sonny wanders be - yond his interior walls,
                   G   C     G D       C
          Runs his hand through his thinning brown hair.
```

```
                                  G
Verse 6     Well, I'm accustomed to a smooth ride
              D          G          D     G
            Or maybe I'm a dog who's lost its bite.
                 D      G     C               F      C
            I don't expect to be  treated like a fool no more,
                 G     D      G
            I don't expect to sleep all night.
                 D     C    G     D    G
            Some people say a lie's is just a lie
               D G  C                  F    C
            But I   say  the cross is in the ballpark,
                          F      C
            Why deny the obvious   child?

Coda        | Drum interlude w/guitar interjecting G chord ||

            ||: G      | G   D C | G       | G   D C |

            | C        | C       | D       | D  C   :||  Repeat to fade
```

Road Trippin'

Words & Music by
Anthony Kiedis, Flea, John Frusciante & Chad Smith

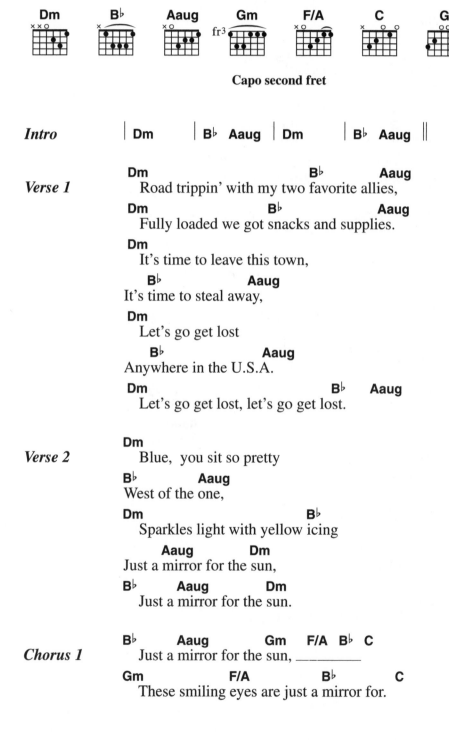

Dm **B♭** **Aaug** **Gm** **F/A** **C** **G** **Edim**

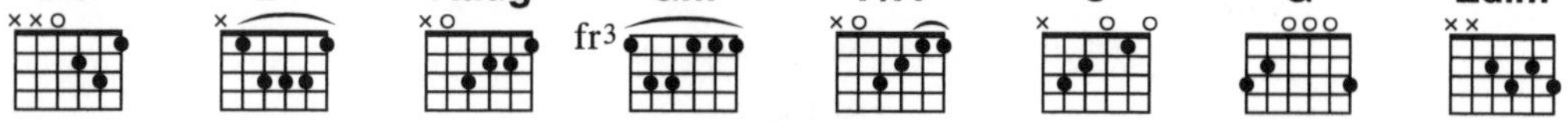

Capo second fret

Intro | Dm | B♭ Aaug | Dm | B♭ Aaug ||

Verse 1

Dm   B♭   Aaug
Road trippin' with my two favorite allies,
Dm   B♭   Aaug
Fully loaded we got snacks and supplies.
Dm
It's time to leave this town,
B♭   Aaug
It's time to steal away,
Dm
Let's go get lost
B♭   Aaug
Anywhere in the U.S.A.
Dm   B♭   Aaug
Let's go get lost, let's go get lost.

Verse 2

Dm
Blue, you sit so pretty
B♭   Aaug
West of the one,
Dm   B♭
Sparkles light with yellow icing
Aaug   Dm
Just a mirror for the sun,
B♭   Aaug   Dm
Just a mirror for the sun.

Chorus 1

B♭   Aaug   Gm   F/A   B♭   C
Just a mirror for the sun, ________
Gm   F/A   B♭   C
These smiling eyes are just a mirror for.

```
            Dm                                     B♭              Aaug
Verse 3       So much as come before those battles lost and won,
            Dm                                B♭            Aaug
              This life is shining more forever in the sun.
            Dm
              Now let us check our heads
                 B♭                Aaug
            And let us check the surf:
            Dm
              Staying high and dry's
                  B♭               Aaug
            More trouble than it's worth
                   Dm   B♭     Aaug          Dm
            In the sun,   just a mirror for the sun.

            B♭       Aaug          Gm    F/A  B♭  C
Chorus 2      Just a mirror for the sun, _________
            Gm               F/A            B♭             C
              These smiling eyes are just a mirror for.

Link        |: Dm   G   | B♭   C    | Dm   G   | B♭  Edim :|

            | Edim      | Edim      ||

            Dm                              B♭              Aaug
Verse 4       In Big Sur we take some time to linger on,
            Dm                           B♭            Aaug
              We three hunky dorys got our snakefinger on.
            Dm
              Now let us drink the stars
                B♭               Aaug
            It's time to steal away
            Dm
              Let's go get lost
                  B♭             Aaug
            Right here in the U.S.A.
            Dm                                B♭    Aaug
              Let's go get lost, let's go get lost.
```

Verse 5

```
Dm
   Blue,  you sit so pretty
B♭              Aaug
West of the one,
Dm                                   B♭
   Sparkles light with yellow icing
       Aaug          Dm
Just a mirror for the sun,
B♭        Aaug           Dm
   Just a mirror for the sun.
```

Chorus 3

```
B♭        Aaug           Gm     F/A  B♭  C
   Just a mirror for the sun, ________
Gm                  F/A            B♭          C
   These smiling eyes are just a mirror for.
Gm                  F/A            B♭          C
   These smiling eyes are just a mirror for,
Gm                 F/A            B♭          C
   Your smiling eyes are just a mirror for.
```

Coda | Dm | Dm | Dm | Dm | Dm | Dm ||

Psycho Killer

Words & Music by
David Byrne, Chris Frantz & Tina Weymouth

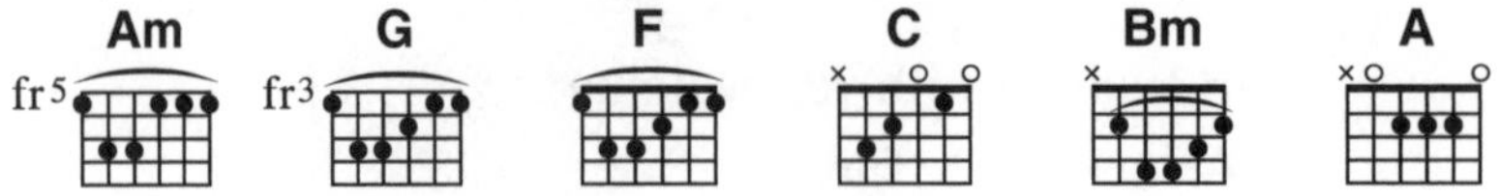

Intro ‖: Am | Am G | Am | Am G :‖

Verse 1
Am   G
I can't seem to face up to the facts,
Am   G
I'm tense and nervous and I can't relax.
Am   G
I can't sleep 'cause my bed's on fire;
Am   G
Don't touch me, I'm a real live wire.

Chorus 1
F   G
Psycho killer, qu'est-ce que c'est?
Am
Fa fa fa fa fa fa fa fa fa,
F   G   C
Better run, run, run, run, run away.
F G
Oh oh oh oh, ay ay ay ay ay.

Link 1 | Am | Am G | Am | Am G ‖

Verse 2
Am   G
You start a conversation, you can't even finish it;
Am   G
You're talking a lot, but you're not saying anything.
Am   G
When I have nothing to say, my lips are sealed.
Am   G
Say something once, why say it again?

Chorus 2

```
F                   G
   Psycho killer,   qu'est-ce que c'est?
Am
   Fa fa fa fa fa fa fa fa fa,
       F           G                 C
Better  run, run,   run, run, run away. Oh oh oh.
```

Chorus 3

```
F                   G
   Psycho killer,   qu'est-ce que c'est?
Am
   Fa fa fa fa fa fa fa fa fa,
       F           G                  C
Better  run, run,   run, run, run away.
           F  G
Oh oh oh oh, ay ay ay ay ay.
```

Bridge

```
Bm                            G
   Ce que j'ai fait, ce soir la.
Bm                            G
   Ce qu'elle a dit, ce soir la.
A
   Realisant mon espoir.
G
   Je me lance, vers la gloire.
  A        G
Okay. ___
A                             G
   Ay ay ay ay ay ay ay ay.
A                                    G
   We are vain and we are blind.
A                                              G
   I hate people when they're not polite.
```

Chorus 4 As Chorus 3

Link 2

```
| Am     | Am   G | Am     | Am   G ||
```

Coda

```
| Drums | Drums | Am    | Am   G | Am    | Am   G |
| Drums | Am    | Am  G | Am     | Am  G |
| Drums | Drums | A     | A    G | A     | A    G |
| A     | A   G | A     | A    G | A     ||
```

Sail Away

Words & Music by
David Gray

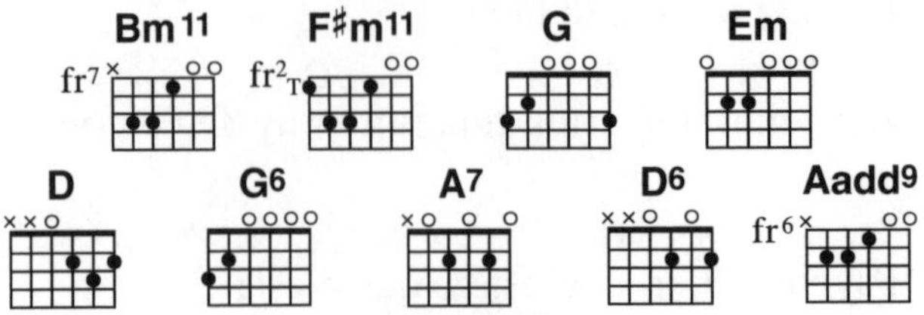

Capo first fret

Intro | Bm11 | Bm11 | Bm11 | Bm11 ||

Chorus 1

Bm11
Sail away with me honey,
F♯m11
I put my heart in your hands.
Bm11 G Em
Sail away with me honey now, now, now.
Bm11 D
Sail away with me,
G Em
What will be will be,
G6 A7 Em
I wanna hold you now, now, now. __

Verse 1

D6 F♯m11
Crazy skies all wild above me now,
D6 F♯m11
Winter howling at my face.
D6 F♯m11
And everything I held so dear
Bm11 Aadd9
Disappeared without a trace.
D6 F♯m11
Though all the times I've tasted love,
D6 F♯m11
Never knew quite what I had.
D6 F♯m11
Little darling if you hear me now,
Bm11 Aadd9
Never needed you so bad.
G Em
Spinning 'round inside my head.

Chorus 2 As Chorus 1

Verse 2

```
D6                                F#m11
   I've been talking drunken gibberish
D6                          F#m11
   Falling in and out of bars,
D6                              F#m11
   Trying to get some explanation here
Bm11                               Aadd9
   For the way some people are;
G                              Em
   How did it ever come so far?
```

Chorus 3 As Chorus 1

Chorus 4 As Chorus 1

Chorus 4

```
Bm11
   Sail away with me honey,
F#m11
   I put my heart in your hands.
Bm11                                    G          Em
   You'll break me up if you put me down, woh. ___
Bm11     D
   Sail away with me,
G              Em
   What will be will be.
G6                      A7    Em
   I wanna hold you now, now, now.
```

Coda

```
| Bm11      | F#m11     | Bm11      | G    Em   |
| Bm11  D   | G    Em   | G         | A7   Em   |
| Bm11      | Bm11      | Bm11      | Bm11      ||
```

Runaway Train

Words & Music by
David Pirner

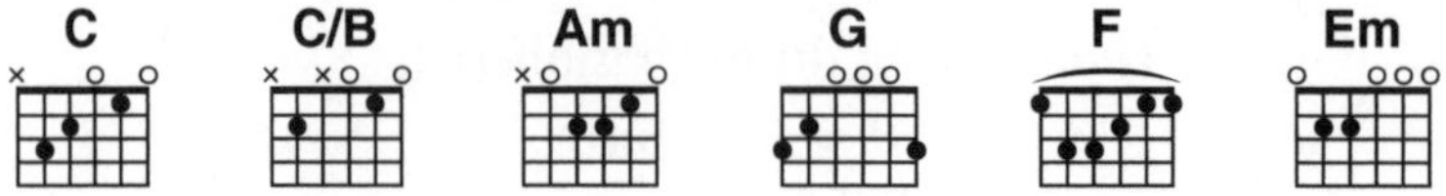

Intro | C | C | C | C ||

Verse 1

C
Call you up in the middle of night
C/B
Like a firefly without a light;
Am
You were there like a blowtorch burning,
G
I was a key that could use a little turning.
C
So tired that I couldn't even sleep,
C/B
So many secrets I couldn't keep.
Am
Promised myself I wouldn't weep
G
One more promise I couldn't keep.

Pre-chorus 1

F G
It seems no-one can help me now
C Am
I'm in too deep, there's no way out.
F Em G
This time I have really led myself astray.

Chorus 1

C
Runaway train, never going back,
Em
Wrong way on a one-way track.
Am
Seems like I should be getting somewhere,
G
Somehow I'm neither here nor there.

Verse 2

```
C
   Can you help me remember how to smile?
C/B
   Make it somehow all seem worthwhile,
Am
   How on earth did I get so jaded?
G
   Life's mystery seems so faded.
C
   I can go where no-one else can go,
C/B
   I know what no-one else can know.
Am
   Here I am just drowning in my brain
G
   With a ticket for a runaway train.
```

Pre-chorus 2

```
    F                 G
And everything seems cut and dried,
C                Am
Day and night, earth and sky,
F             Em          G
Somehow I   just don't believe it.
```

Chorus 2

```
C
   Runaway train, never going back,
Em
   Wrong way on a one-way track.
Am
   Seems like I should be getting somewhere,
G
   Somehow I'm neither here nor there.
```

Instrumental

```
| C    | C    | Em   | Em   | Am   | Am   | G    | G    |
| F    | G    | C    | Am   | F    | Em   | G    | G    ||
```

Verse 3

```
C
   Bought a ticket for a runaway train
C/B
   Like a madman laughing at the rain.
Am
   A little out of touch, a little insane;
G
   It's just easier than dealing with the pain.
```

Chorus 3

C
Runaway train, never going back,
Em
Wrong way on a one-way track.
Am
Seems like I should be getting somewhere,
G
Somehow I'm neither here nor there.

Chorus 4

C
Runaway train, never coming back,
Em
Runaway train, tearing up the track.
Am
Runaway train, burning in my veins,
G
Runaway , but it always seems the same.

Coda

𝄆 C | C | Em | Em |
| Am | Am | G | G 𝄇 *Repeat to fade*

Save Me

Words & Music by
Aimee Mann

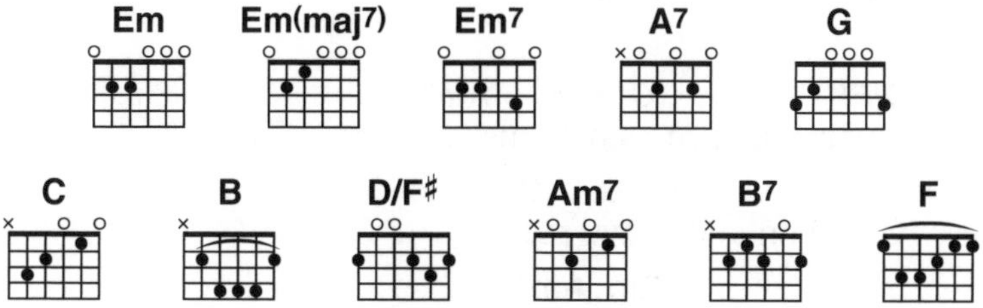

Capo third fret

```
Intro      | Em   Em(maj7) | Em   Em(maj7) | Em   Em(maj7) | Em   Em(maj7) ||

           Em              Em(maj7)  Em7  A7
Verse 1      You look like______________
              G       C   G  B
           A perfect fit
           Em              Em(maj7)  Em7  A7
             For a girl in need ___________
                G     C       G
           Of a tourniquet.

           D/F♯             C  Em  Am7
Chorus 1     But can you   save   me,
                           C  G    C
           Come on and   save me,
                            Em    Am7
           If you could save   me
                      G             B7
           From the ranks of the freaks
                    Em            A7
           Who suspect they could never love anyone.

           | G    C   | G    B    ||

           Em                Em(maj7)  Em7  A7
Verse 2      'Cause I can   tell ____________
                         G          C     G  B
           You know what it's like:
```

cont.

Em   Em(maj7) Em7 A7
The long farewell ___________

G C G
Of the hunger strike.

Chorus 2

D/F♯ C Em Am7
But can you save me,

C G C
Come on and save me,

Em Am7
If you could save me

G B7
From the ranks of the freaks

Em A7
Who suspect they could never love anyone.

| G C | G B ||

Bridge

C G F C
You struck me dumb _______

G F C
Like radium, _______

Em Am7
Like Peter Pan

Em Am7
Or Superman,

G F C
You will come _______

Chorus 3

Em Am7
To save me,

C G C
Come on and save me, _____

Em Am7
If you could save me

G B7
From the ranks of the freaks

Em A7
Who suspect they could never love anyone.

G B7
Except the freaks

Em A7
Who suspect they could never love anyone.

G B7
But the freaks

Em A7 N.C.
Who suspect they could never love anyone.

```
Solo        | Em  Em(maj7) | Em7  A7 | G    C | G    B7   |

            | Em  Em(maj7) | Em7  A7 | G    C | G    D/F# ||
```

```
                       C  Em     Am7
Chorus 3   Come on and   save   me
                         C  G   C
           Why don't you   save me,
                          Em    Am7
           If you could save   me
                     G              B7
           From the ranks of the freaks
                   Em                  A7
           Who suspect they could never love anyone.
           G               B7
              Except the   freaks
                   Em                  A7
           Who suspect they could never love anyone.
           G               B7
              Except the   freaks
                       Em                     A7
           Who could never love anyone.
```

Save Tonight

Words & Music by
Eagle-Eye Cherry

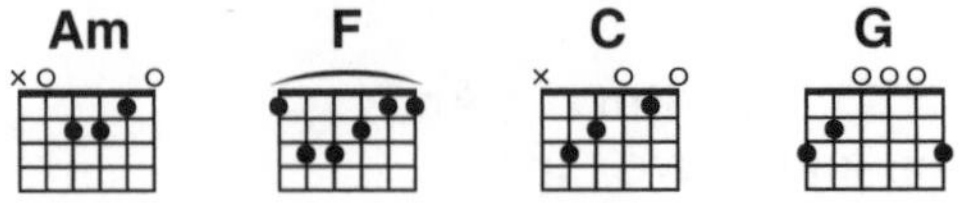

Intro ‖: Am F | C G | Am F | C G :‖

Verse 1

Am F C G Am F C G
Go and close the curtains, 'cause all we need is candlelight,
Am F C G
You and me and the bottle of wine,
Am F C G
And I'll hold you tonight.
Am F C G Am F C G
Well we know I'm going away and how I wish, I wish it wasn't so,
Am F C G
So take this wine and drink with me,
Am F C
Let's delay our misery.

Chorus 1

G Am F C G
Save tonight and fight the break of dawn,
Am F C G
Come tomorrow, tomorrow I'll be gone.
Am F C G
Save tonight and fight the break of dawn,
Am F C G
Come tomorrow, tomorrow I'll be gone.

Verse 2

Am F C G Am F C G
There's a log on the fire, and it burns like me for you.
Am F C G Am F C G
Tomorrow comes with one desire: to take me away, it's true.
Am F C G Am F C G
It ain't easy to say goodbye, darling, please don't start to cry
Am F C G
'Cause girl you know I've got to go
Am F C G
And Lord I wish it wasn't so.

Chorus 2 As Chorus 1

Solo |: Am F | C G | Am F | C G :|

Verse 3

```
  Am      F       C       G
Tomorrow comes to take me away,
Am           F     C      G
  I wish that I, that I could stay.
Am                F         C  G
Girl you know I've got to go,
        Am            F        C  G
Oh, and Lord I wish it wasn't so.
```

Chorus 3 As Chorus 1

Chorus 4 As Chorus 1

Coda

```
   Am  F    C              G
|:          Tomorrow I'll be gone,
Am  F   C              G
        Tomorrow I'll be gone.   :|
```

Solo |: Am F | C G :| *Play 3 times*

```
| Am  F  | C   G      |: Am  F  | C   G   :| Repeat to fade
           Save to - night.     Save to -
```

Seven

Words & Music by
David Bowie & Reeves Gabrels

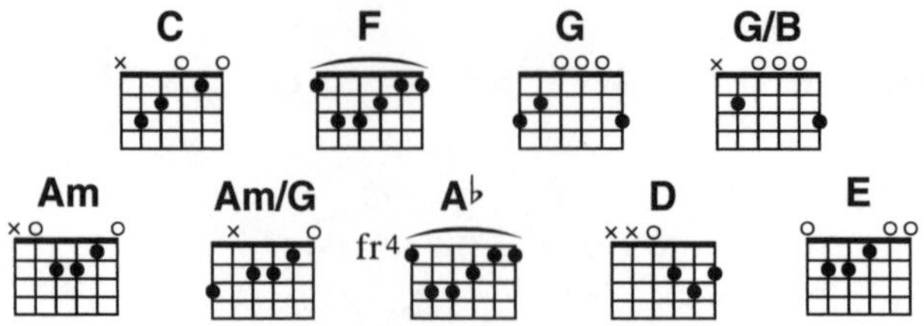

Tune guitar up a semitone

Intro
| C | C | F | F | C |
| C | G | G | G | C G ||

Verse 1
C G/B
I forgot what my father said,
Am Am/G F
I forgot what he said;
C G/B
I forgot what my mother said
Am Am/G F
As we lay upon your bed.
A♭ Am
A city full of flowers,
A♭ F
A city full of rain.

Chorus 1
C G/B
I got seven days to live my life
Am Am/G F
Or seven ways to die.

Link 1
| C | G | Am Am/G | F ||

Verse 2
C G/B
I forgot what my brother said,
Am Am/G F
I forgot what he said.
C G/B
I don't regret anything at all,
Am Am/G F
I remember how we wept.

cont.	Ab Am On a bridge of violent people Ab F I was small enough to cry.

Chorus 2 As Chorus 1

Bridge
```
D                  G
   Hold my face before you,
E                  Am     G
   Still my trembling heart.
```

Chorus 3 As Chorus 1

Link 2

C	C	F	F	C
C	G	G	G	G ‖

Verse 3
```
C                        G/B
   The gods forgot they made me
   Am   Am/G    F
So I for-got them too;
C                  G/B
   I listen to the shadows,
  Am    Am/G        F
I play among their graves.
A♭                        Am
   My heart was never broken,
   A♭              F
My patience never tried.
```

Chorus 4
```
      C              G/B
I got seven days to live my life
   Am    Am/G   F
Or seven ways to die.
C              G/B
Seven days to live my life
   Am    Am/G   F
Or seven ways to die.
```

Coda
```
    C      F      C       G
‖: Seven, seven, seven.        :‖   Play 3 times
```

'74-'75

Words & Music by
Mike Connell

Am C G F

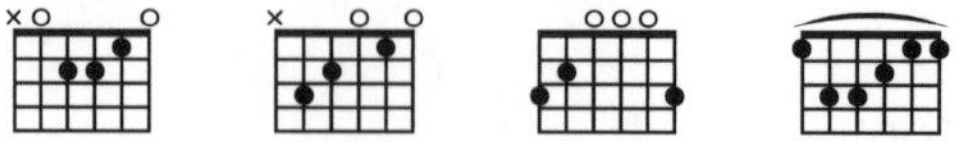

Tune guitar down a semitone

Intro | Am C G | Am | Am C G | Am ||

Verse 1

F C F
Got no reason for coming to me
C G F
And the rain running down.
C Am
There's no reason.
F C F
And the same voice coming to me
C G F
Like it's all slowing down.
C G
And believe me:

Chorus 1

Am C
I was the one who let you know,
G F
I was your sorry-ever-after.
Am C G
Seventy-four, seventy-five.

Verse 2

F C F
It's not easy, nothing to say
C G F
'Cause it's al - ready said.
C Am
It's never easy.
F C
When I look on your eyes
Am C F
Then I find that I'll do fine.
Am C G
When I look on your eyes then I'll do better.

Chorus 2

```
                Am                    C               G      F
I was the one who let you know, I was your sorry-ever-after.
              Am      C    G
Seventy-four, seventy-five.
               Am              C               G       F
Giving me more and I'll defy, 'cause you're really only after
               Am     C    G
Seventy-four, seventy-five.
```

Guitar solo

```
| Am   C G | Am    | Am   C G | Am    | C   G  |
| Am   | C   G | Am   | C   G | Am F | C   G ||
```

Verse 3

```
F         C         F
   Got no reason for coming to me
          C G     F
And the rain running down,
           C      Am
There's no reason.
      F        C
When I look on your eyes
      Am    C    F
Then I find that I'll do fine.
      Am          C           G
When I look on your eyes then I'll do better.
```

Chorus 3

```
                Am                    C               G      F
I was the one who let you know, I was your sorry-ever-after.
              Am        C    G
Seventy-four, seventy-five.
                 Am            C               G       F
Giving me more and I'll defy, 'cause you're really only after
             Am         C    G
Seventy-four, seventy-five.
```

Chorus 4 As Chorus 3

Repeat to fade

Coda

```
|: Am  C | G   F      | Am      C | G    :|
                (Seventy-four, seventy-five.)
```

So Young

Words & Music by
Andrea Corr, Caroline Corr, Sharon Corr & Jim Corr

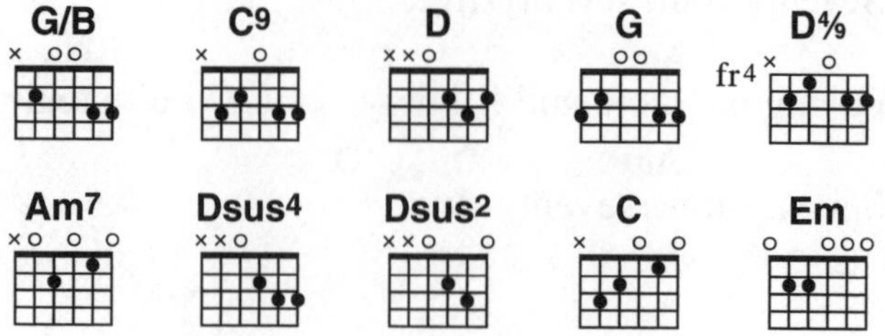


```
         G/B             C9           D
Intro    Yeah, yeah, yeah, yeah, yeah.
         G               C9           D
         Yeah, yeah, yeah, yeah, yeah.


                     G
Verse 1  We are taking it easy.
         C9                      D6/9
         Bright and breezy, yeah.
                     G
         We are living it up
            C9                    D6/9
         Just fine and dandy, yeah.


                   Am7                       C          D6/9
Pre-chorus 1  And it really doesn't matter that we don't eat,
                   Am7                    C         D6/9
              And it really doesn't matter if we never sleep,
                  Am7
              No, it really doesn't matter.
              C                        Dsus4  D  Dsus2  D
              Really doesn't matter at all.__________
```

```
                          G
Chorus 1         'Cos we are so young now,
                       C9                D
                 We are so young, so young now.
                          G
                 And when tomorrow comes
                    C9            D
                 We can do it all again.


                      G
Verse 2          We are chasing the moon,
                    C                D6/9
                 Just running wild and free.
                      G
                 We are following through
                      C9              D6/9
                 Every dream and every need.


                      Am7                        C       D6/9
Pre-chorus 2     And it really doesn't matter that we don't eat,
                      Am7                      C       D6/9
                 And it really doesn't matter if we never sleep,
                     Am7
                 No, it really doesn't matter.
                 C                       Dsus4  D  Dsus2  D
                 Really doesn't matter at all.______________


                            G
Chorus 2         'Cos we are so young now,
                       C9                D
                 We are so young, so young now.
                          G
                 And when tomorrow comes
                    C9            D
                 We can do it all again.
```

Chorus 3

G/B
Yeah, we're so young now
C9 D
We are so young, so young now.
G
And when tomorrow comes
C9 D
We'll just do it all again.

Bridge

Am7 C Em D
All again, all again, he-yeah.
Am7 C D
All again, all again,___ yeah, yeah, yeah.

Chorus 4

G
So young now,
C9 D
We are so young, so young now.
G
And when tomorrow comes
C9 D
We'll just do it all again.

Chorus 5

As Chorus 4

Coda

G C9 D
We are so young___ (yeah, yeah, yeah, yeah) yeah!
G/B C9 D
We are so young___ (yeah, yeah, yeah, yeah) yeah! *Repeat to fade*

Stay (I Missed You)

Words & Music by
Lisa Loeb

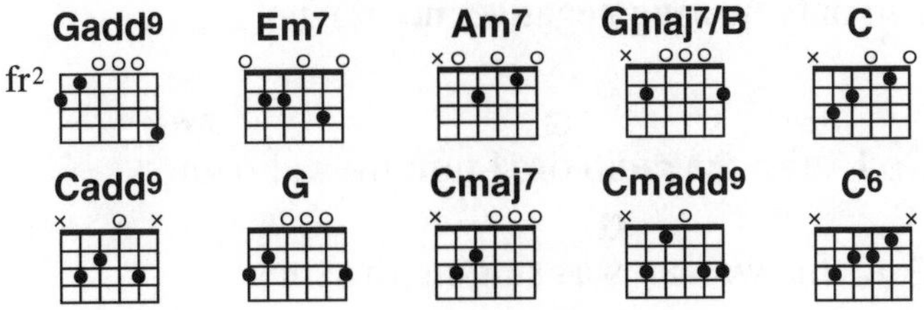

Capo sixth fret

Intro | Gadd9 | Em7 | Am7 Gmaj7/B | C Cadd9 ||

Verse 1

Gadd9 Em7 Am7 Gmaj7/B C Cadd9
You say I only hear what I want to,
Gadd9 Em7 Am7 Gmaj7/B C Cadd9
You say I talk so all the time so. __

Pre-chorus 1

Am7 G
And I thought what I felt was simple,
Am7 G
And I thought that I don't belong.
Am7 G
And now that I am leaving,
Am7 G
Now I know that I did something wrong.

Chorus 1

Cmaj7
'Cause I missed you,
Cmadd9
Yeah, __
Am7
I missed you.

| G | Am7 G ||

Verse 2

Gadd9 Em7
And you say I only hear what I want to,
Am7 Gmaj7/B
I don't listen hard, don't pay attention
C G
To the distance that you're running to anyone, anywhere.

```
        Am7        Gmaj7/B
cont.   I  don't understand if you really care,
           C
        I'm only hearing negative, no, no, no. ____

            Am7               G                  Am7
Verse 3 So I  turn the radio on, I turn the radio up
                         G
        And this woman was singing my song:
        Am7            G
        Lovers in love and the others run away,
        Am7               G
        Lover is crying 'cause the other won't stay.
        Am7                     G
          Some of us hover when we weep for the other,
                  Am7              G
        Who was dying since the day they were born.
            Am7     G                                  Am7
        Well  this is not that I think that I'm throwing, but I'm  thrown
        G      Am7
          And I thought I'd live forever,

        But now I'm not so sure.
                     C
        You try to tell me that I'm clever

        But that won't take me anyhow,
        Am7          Gmaj7/B  C   Cadd9
          Or anywhere with   you.

        Am7            G
Pre-chorus 2  And you said that I was naive
             Am7         G
        And I  thought that I was strong:
        Am7              G
          I thought, hey I can leave, I can leave.
           Am7             G
        Oh  but now I know that I was wrong.

                C6
Chorus 2 'Cause I missed you,
        Cmadd9
          Yeah, _____
         Am7
        I missed you.

        | G          | Am7  G  |
```

Verse 4

Am7
You said you caught me 'cause you want me

And one day I'll let you go.

C
You try to give away a keeper, or keep me

Am7 Gmaj7/B C Cadd9
'Cause you know you're just so scared to lose.

Coda

Gadd9
And you say, ___

Em7 Am7 Gmaj7/B C Cadd9
"Stay"

Gadd9
And you say

Em7 Am7 Gmaj7/B C Cadd9
I only hear what I want to.

(Song For My) Sugar Spun Sister

Words & Music by
John Squire & Ian Brown

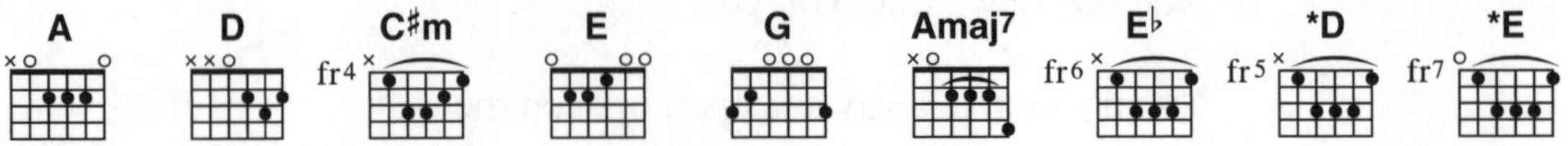

Intro | A D | A D ||

Verse 1

A D A D A D A D
Her hair, ___ soft drifted snow, ___
A D A D A D A D
Death white, ___ I ain't going to know ___
A D A D
Why she hates all she does ___
A D A D A D A
And she gives ___ it all that she's got. ___

Pre-chorus 1

(A)
‖: Until the sky turns green,
C♯m
The grass is several shades of blue.
D E
Every member of parliament trips on glue. :‖

Chorus 1

A D A D A D A D
It takes all these things and all that time,
D G D G A D A D
Till my sugar spun sister's happy with this love of mine,
E D
It'll take all these things and oh much more.

Link 1 | A D | A D ||

Verse 2

A D A D A D A D
I've paid ___ for fifteen or more, ___
A D A D A D A D
But my guts ___ can't take anymore. ___
A Amaj7 D A D
My hands are stuck to my jeans, ___
A D A D A D A
And she knows, ___ she knows ___ what this must mean. ___

```
               (A)
Pre-chorus 2   She wakes up with the sun,
               C#m
               She asks me "What is all the fuss?"
               D                                  E
               As she gave me more than she thought she should.
               A
               She wakes up with the sun,
               C#m
               I think "What have I done?"
               D                            E
               As I gave her more than I thought I would.

               A D    A        D          A D    A    D
Chorus 2       It takes all these things and all  that time,
               D     G          D      G     A        D     A    D
               Till my sugar spun sister's happy with this love of mine.

Link 2         | *E   Eb  | *D   Eb  | *E   Eb  | *D   Eb  *E ||

               A  D        A        D         A   D A
Coda              Yeah, yeah, yeah, the candy floss girl, _
                      D     A   D
               The sticky-fingered boy, _
               A    D     A    D A D
               Oh that sister of mine. ___
                  A
               Yeah.
```

Songs Of Love

Words & Music by
Neil Hannon

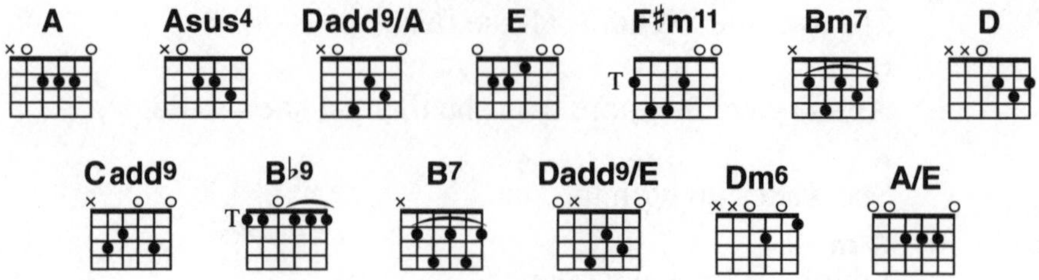

Capo third fret

Intro | A Asus4 | A Asus4 | A Asus4 | A Asus4 ||

Verse 1

A Dadd9/A
Pale, pubescent beasts
E F♯m11
Roam through the streets and coffee-shops;
Bm7 D
Their prey gather in herds
Cadd9 B♭9
Of stiff knee-length skirts and white ankle-socks.
A Dadd9/A
But while they search for a mate
E F♯m11
My type hibernate in bedrooms above
B7 D Dadd9/E
Composing their songs of (love.)

Link | A | A ||
love.

Verse 2

A D
Young, uniform minds
E F♯m11
In uniform lines and uniform ties
Bm7 D
Run round with trousers on fire
Cadd9 B♭9
And signs of desire they cannot disguise,

cont.

A D
While I try to find words,

E F♯m11
As light as the birds that circle above

B7 D Dadd9/E
To put in my songs of (love.)

Link 2

A	A	‖
love. ________		

Bridge 1

F Dm6 A F♯m11
Fate doesn't hang on a wrong, or right choice,

F Dm6 A/E E
Fortune depends on the tone of your voice.

Chorus 1

A D
So sing while you have time,

E F♯m11
Let the sun shine down from above

B7 D Dadd9/E A
And fill you with songs of love.____ (Take me.)

Solo

A	D	E	F♯m11	Bm7	D
Cadd9	B♭9	A	D	E	F♯m11
B7	D Dadd9/E	A	A ‖		

Bridge 2

As Bridge 1

Chorus 2

A D
So let's sing while we still can,

E F♯m11
While the sun hangs high up above

B7 D Dadd9/E F♯m11
Wonderful songs of love, ______

B7 D Dadd9/E A
Beautiful songs of (love.)

Coda

A	A	A	A	‖
love. ______				

Stay

Words & Music by
Bernard Butler

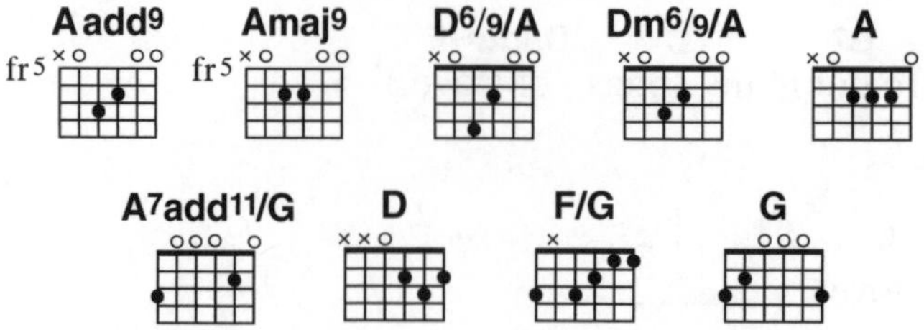

Intro ‖: Aadd9 | Amaj9 | D6/9/A | Dm6/9/A :‖ *Play 3 times*

Verse 1
Aadd9 Amaj9 D6/9/A Dm6/9/A
These days are wasting away,
Aadd9 Amaj9 D6/9/A Dm6/9/A
The kind _______ I'd rather save.

Chorus 1
Aadd9 Amaj9 D6/9/A Dm6/9/A
Don't go, stay,
Aadd9 Amaj9 D6/9/A Dm6/9/A
Don't go, stay.

Verse 2
Aadd9 Amaj9 D6/9/A Dm6/9/A
I ___ hope it don't rain,
Aadd9 Amaj9 D6/9/A Dm6/9/A
The sky _______ is laughing again.

Chorus 2
A A7add11/G D F/G
Don't go, stay this time,
A A7add11/G D F/G
Don't go, just stay this time.

Verse 3
Aadd9 Amaj9
I know I've gotta move with the times
D6/9/A Dm6/9/A
For you to be mine, you to be mine.
Aadd9 Amaj9
I've tried to believe what you say
D6/9/A Dm6/9/A
But you won't change if you just stay.

Chorus 3

```
      A    A7add11/G     D       F/G
Don't go, stay        this time,
      A       A7add11/G      D      F/G
Don't go, just stay       this time.____
```

Bridge

```
                A                           G
And you remember that fear's on your side,
    D                              F/G
Good people gonna keep you alive. _____
                 A                         G
And you remember all the tears in my eyes
                 D                           F/G
When all the things you do blow your mind. _____
```

Chorus 4

```
      A    G       D       F/G
Don't go, stay this time,
        A        G          D        F/G
No don't go, just stay this time._____
```

Solo

```
| A        | G        | D        | F/G      |
  With vocal ad libs.

| A        | G        | D        | F/G      ||
                                       Don't
```

Coda

```
|  Aadd9 | Amaj9    | D6/9/A   | Dm6/9/A  |
  go,                                 Don't

|  Aadd9 | Amaj9    | D6/9/A   | Dm6/9/A  ||
  go,                 stay. ____
```

Stay Forever

Words & Music by
Michael Melchiondo & Aaron Freeman

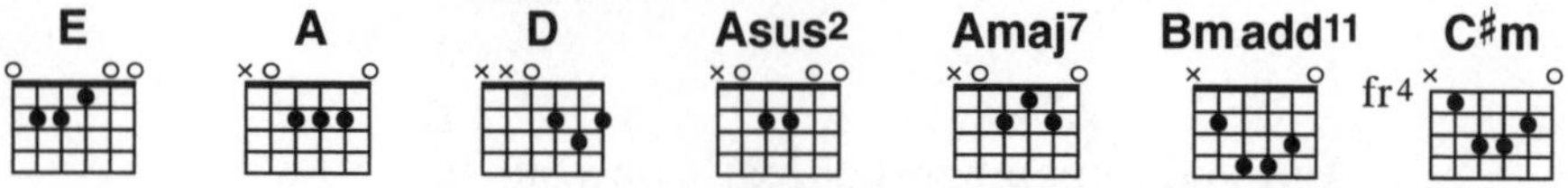

Intro | E | A | D | D | D | A | E | E ||

Verse 1
Asus2 Amaj7 Bm add11 C♯m
In the morning sun I couldn't tell you
Asus2 Amaj7 Bm add11 C♯m
I couldn't tell you so many things
Asus2 Amaj7 Bm add11 C♯m
About how much I really love you,
Asus2 Amaj7 Bm add11 C♯m
About how much you really mean.

Pre-chorus 1
A E Bm add11 C♯m
So far away but it's so easy to see you,
A E Bm add11
When I'm away I want to put my arms around you.

Chorus 1
E A D
And I want to know do you feel the same way?
A E
'Cause if you do I want to stay forever.
A D
And I want to know do you feel the same way?
A E
'Cause if you do I want to stay forever, with you.

Verse 2
Asus2 Amaj7 Bm add11 C♯m
So many colours that surround you,
Asus2 Amaj7 Bm add11 C♯m
Some so bright I can hardly see.
Asus2 Amaj7 Bm add11 C♯m
A light reflects on all the things that make you real,
Asus2 Amaj7 Bm add11 C♯m
Things that make you truly free.

Pre-chorus 2

A E Bmadd11 C#m
So far away but it's so easy to see you,

A E Bmadd11
When I'm away I want to put my arms around you.

Chorus 2

E A D
And I want to know do you feel the same way?

A E
'Cause if you do I want to stay forever,

A D
And I want to know do you feel the same way?

A E
'Cause if you do I want to stay forever,

A D
And I want to know do you feel the same way?

A E A
'Cause if you do I want to stay forever, with you.

Streets Of Your Town

Words & Music by
Robert Forster & Grant McLennan

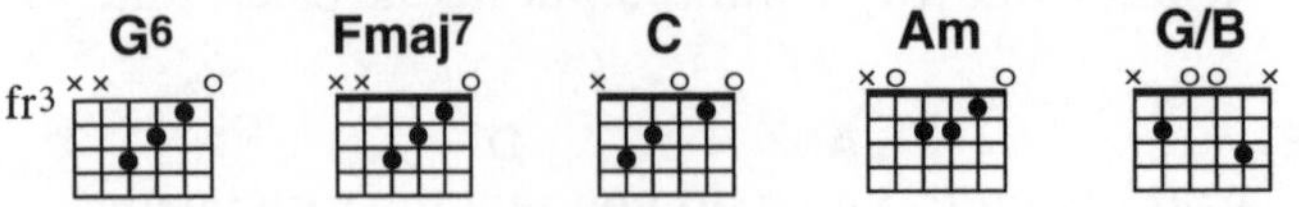

Capo third fret

Intro ‖: G6 Fmaj7 | G6 Fmaj7 | G6 Fmaj7 | G6 Fmaj7 :‖

Chorus 1

G6 Fmaj7 G6 Fmaj7
Round and round, up and down,
G6 Fmaj7 G6 Fmaj7
Through the streets of your town. ___
G6 Fmaj7 G6 Fmaj7
Everyday I, make my way
G6 Fmaj7 G6 Fmaj7
Through the streets of your town. ___

Verse 1

C G6 Fmaj7
And don't the sun look good today, (shine)
C G6 Fmaj7
But the rain is on its way. (shine)
C G6 Fmaj7
Watch the butcher shine his knives, (shine)
C G6 Fmaj7
And this town is full of battered wives.

Chorus 2 As Chorus 1

Verse 2

C G6 Fmaj7
And I ride your river under the bridge, (shine)
C G6 Fmaj7
And I take your boat out to the ridge (shine)
C G6 Fmaj7
'Cause I love that engine roar (shine)
C G6 Fmaj7
But I still don't know what I'm here for.

Chorus 3

```
G6              Fmaj7  G6         Fmaj7
  Round and round,     up and down,
G6                Fmaj7      G6            Fmaj7
  Through the streets of your town. __
G6         Fmaj7  G6      Fmaj7
  Everyday    I,  make my way
G6                Fmaj7      G6            Fmaj7
  Through the streets of your town. __
```

Bridge

```
Fmaj7   Am
  They shut it down,
Fmaj7   Am
  They closed it down,
Fmaj7   Am
  They shut it down,
Fmaj7   Am
  They pulled it down.
```

Guitar solo

```
||: C      | G/B      | Fmaj7      | Fmaj7      :||  Play 4 times
```

Chorus 4

```
    G6              Fmaj7  G6         Fmaj7
||:  Round and round,     up and down,
G6                Fmaj7  G6                Fmaj7
  Through the streets of your town. __
G6         Fmaj7  G6      Fmaj7
  Everyday    I   make my way
G6                Fmaj7      G6            Fmaj7
  Through the streets of your town. __          :||  Repeat to fade
```

Strong Enough

Words & Music by

Sheryl Crow, Bill Bottrell, David Baerwald, Kevin Gilbert, Brian Macleod & David Ricketts

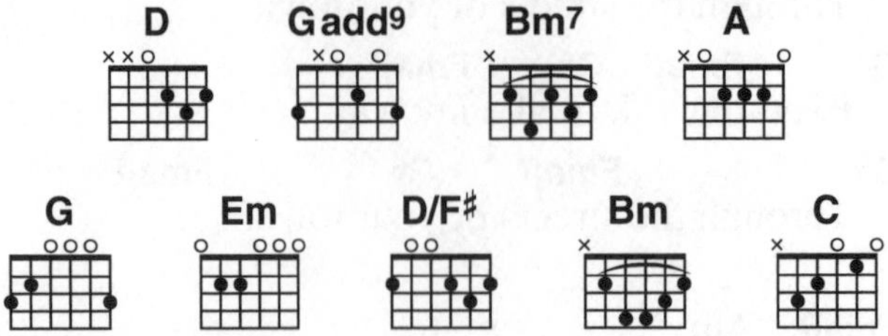

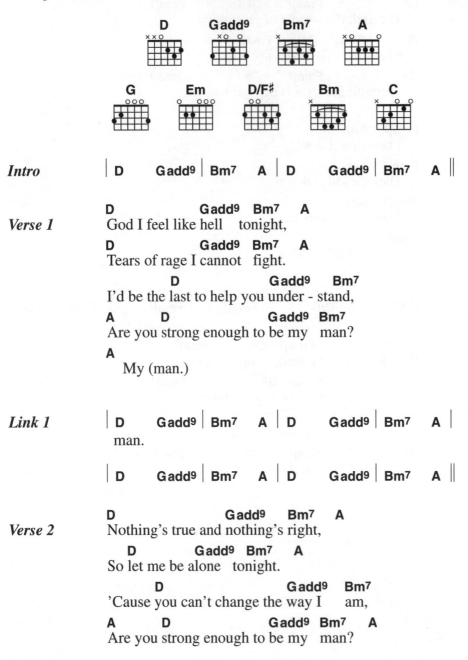

Intro | D Gadd9 | Bm7 A | D Gadd9 | Bm7 A ||

Verse 1

D Gadd9 Bm7 A
God I feel like hell tonight,
D Gadd9 Bm7 A
Tears of rage I cannot fight.
D Gadd9 Bm7
I'd be the last to help you under - stand,
A D Gadd9 Bm7
Are you strong enough to be my man?
A
My (man.)

Link 1 | D Gadd9 | Bm7 A | D Gadd9 | Bm7 A |
man.

| D Gadd9 | Bm7 A | D Gadd9 | Bm7 A ||

Verse 2

D Gadd9 Bm7 A
Nothing's true and nothing's right,
D Gadd9 Bm7 A
So let me be alone tonight.
D Gadd9 Bm7
'Cause you can't change the way I am,
A D Gadd9 Bm7 A
Are you strong enough to be my man?

Chorus 1

```
Em  D/F#      G  A    Bm      C    G     A
Lie ____ to me,    I promise I'll believe,
Em  D/F#      G  A   Bm    C     G      A
Lie ____ to me,  but please don't leave. ___

| D      Gadd9 | Bm7                  A ||
                    Don't leave.
```

Link 2

```
|: D      Gadd9 | Bm7     A :| Play 3 times
```

Verse 3

```
 D                Gadd9   Bm7    A
I have a face I cannot   show,
 D                    Gadd9   Bm7   A
I make the rules up as   I      go:
   D                    Gadd9  Bm7
It's try and love me if you    can.
A          D               Gadd9  Bm7
Are you strong enough to be my man ?
A       D        Gadd9 | Bm7     A ||
   My    man.
```

Link 3

```
A          D                  Gadd9    Bm7
(Are you strong enough) to be my    man?
A          D                  Gadd9    Bm7
(Are you strong enough) to be my    man?
A          D               Gadd9  Bm7
(Are you strong enough) my       man?
```

Verse 4

```
                 D                  Gadd9     Bm7
When I've shown you that I just don't care
A              D                Gadd9  Bm7
When I'm throwing punches in the    air,
A              D                Gadd9   Bm7
When I'm broken down and I can't    stand
         A       D                Gadd9  Bm7    A
Would you be man enough to be my   man ?
```

Chorus 2

```
Em  D/F#      G  A    Bm      C    G     A
Lie ____ to me,    I promise I'll believe,
Em  D/F#      G  A   Bm    C     G      A      D
Lie ____ to me,  but please don't leave. ___
```

Sunday Morning Call

Words & Music by
Noel Gallagher

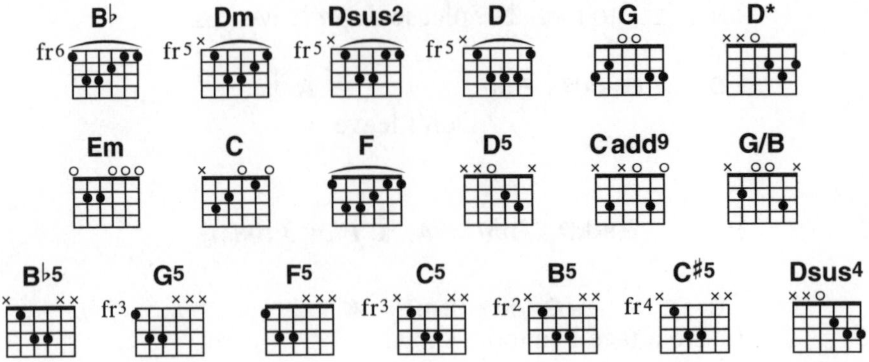

Intro | B♭ | B♭ ||

Verse 1

B♭ Dm Dsus2
Here's another sunday morning call,
B♭ Dm Dsus2
Yer hear yer head a-banging on the door.
B♭ Dm Dsus2
Slip your shoes on and then out you crawl
B♭ Dm Dsus2 D
Into a day that couldn't give you more. But what for?

Chorus 1

G D*
And in your head, do you feel
Em C
What you're not supposed to feel?
G D*
And you take what you want
F Em D*
But you don't get it for free.
G D*
You need more time
Em C G
'Cos your thoughts and words won't last forever more
D* Em C
And I'm not sure if it'll ever work out right.
D5 Cadd9 G/B Cadd9 D5 Cadd9 G/B
But it's OK. It's all right.

B♭   Dm   Dsus2
Verse 2   When yer lonely and you start to hear
            B♭   Dm   Dsus2
The little voices in your head at night,
B♭   Dm   Dsus2
You will only sniff away the tears
                  B♭   Dm   Dsus2   D
And you can dance until the morning light.   At what price?

                    G   D*
Chorus 2   And in your head, do you feel
                    Em   C
What you're not supposed to feel?
              G   D*
And you take what you want
              F   Em   D*
But you won't get it for free.
      G   D*
You need more time
                  Em   C   G
'Cos your thoughts and words won't last forever more.
                  D*   Em   C
And I'm not sure if it'll ever work out right.
            D5   Cadd9   G/B   Cadd9   D5   Cadd9   G/B   B♭5
But it's OK.   It's all right.

Solo

| G5 F5 | G5 B♭5 | C5 B♭5 | C5 B♭5 F5 | G5 F5 | G5 B♭5 |

| C5 B♭5 | C5 B5 C5 C♯5 | D* Dsus4 | D* | C | D* ||

                    G   D*
Chorus 3   And in your head, do you feel
                    Em   C
What you're not supposed to feel?
              G   D*
And you take what you want
              F   Em   D*
But you won't get hope for free.
      G   D*
You need more time
                     Em   C   G
'Cause your thoughts and words won't last forever more.
                  D*   F   C   G   D*
But I'm not sure if it'll ever, ever, ever work out right,
          F   C   G   D*
If it'll ever, ever, ever work out right,
          F   C   G
Will it ever, ever, ever work out right?

There Is A Light That Never Goes Out

Words by Morrissey
Music by Johnny Marr

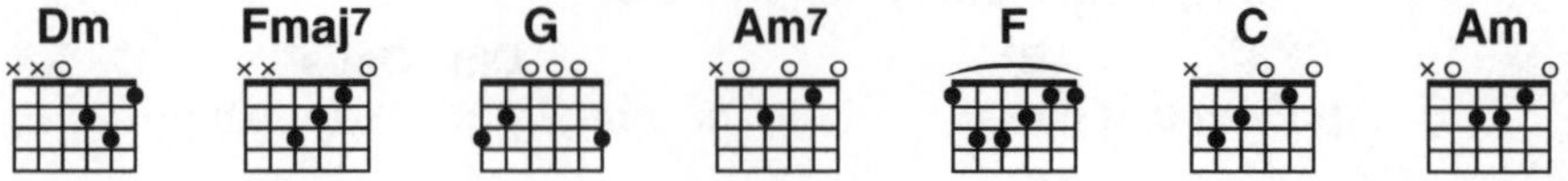

Capo fourth fret

Intro | Dm | Fmaj7 G ||

Verse 1

Am7 G Am7 G F Fmaj7 C G
Take me out tonight
Am7 G
Where there's music and there's people
Am7 G F Fmaj7 C G
Who are young and alive. ___
Am7 G Am7 G
Driving in your car
F Fmaj7 C
I never, never want to go home
G Am7 G Am7 G F Fmaj7 C G
Because I haven't got one anymore.

Verse 2

Am7 G Am7 G F Fmaj7 C G
Take me out tonight
Am7 G Am7 G F Fmaj7 C G
Because I want to see people and I want to see lights. ___
Am7 G Am7 G
Driving in your car
F Fmaj7 C
Oh please don't drop me home
G Am7 G
Because it's not my home, it's their home
Am7 G F Fmaj7 C G
And I'm welcome no more.

Chorus 1

```
            Dm  Fmaj7    G    C              Am   F
                    And if a double-decker bus   crashes into us
            G              C                  F               Dm
              To die by your side is such a heavenly way to die.
                     C          Am    F
            And if a ten-ton truck,   kills the both of us
            G               C                F                        Dm
              To die by your side; well the pleasure, the privilege is mine.
```

Verse 3

```
            Am7 G         Am7 G     F    Fmaj7 C
                 Take me out       tonight
            G        Am7                  G
            Take me anywhere, I don't care,
                   Am7          G     F Fmaj7 C G
            I don't care, I don't care.
                      Am7        G     Am7  G
            And in the darkened underpass I thought
                F                           Fmaj7    C  G
            "Oh God, my chance has come at last," ___
                      Am7         G
            But then a strange fear gripped me
                   Am7          G    F Fmaj7 C  G
             And I just couldn't ask.
```

Verse 4

```
            Am7 G         Am7 G     F      Fmaj7
                 Take me out       tonight,
            C    G        Am7                  G
              Oh take me anywhere, I don't care,
                   Am7          G     F  Fmaj7 C  G
            I don't care, I don't care. _________
            Am7    G       Am7   G
            Driving in your car
             F                       Fmaj7 C
            I never, never want to go        home
                G             Am7     G            Am7
            Because I haven't got one, oh-del dum,
            G          F          Fmaj7 C  G
            Oh I haven't got one.
```

Chorus 2   As Chorus 1

Coda

```
                   Am7     G            Am7      G
            ||: Oh, there is a light and it never goes out,
            F              Fmaj7 C            G
            There is a light and it  never goes out.  :||   Play 4 times

            ||: Am7  G | Am7  G | F  Fmaj7 | C   G  :||   Repeat to fade
```

There She Goes

Words & Music by
Lee Mavers

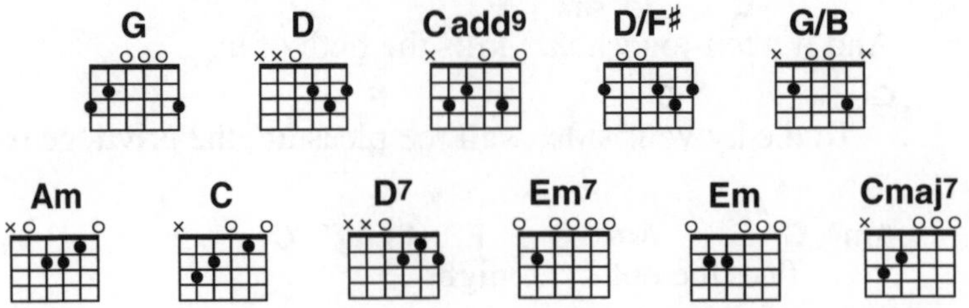

Intro

|: (G) (D) | (Cadd9) (D/F♯) | (G) (D) | (Cadd9) (D/F♯) :|

| G D | Cadd9 D/F♯ | G D | Cadd9 D/F♯ |

| G D | Cadd9 G/B | Am G | C | C D7 ||

Verse 1

G D Cadd9 D/F♯
There she goes,
G D Cadd9 D/F♯
There she goes again
G D Cadd9 G/B
Racing through my brain,
Am G C
And I just can't contain
Am G C D7
This feeling that remains.

Verse 2

G D Cadd9 D/F♯
There she blows,
G D Cadd9 D/F♯
There she blows again
G D Cadd9 G/B
Pulsing through my vein,
Am G C
And I just can't contain
Am G C D7
This feeling that remains.

Link

```
| G   D   | Cadd9  D/F# | G   D   | Cadd9  D/F# | G   D   |
| Cadd9 G/B | Am  G   | C       | Am  G   | C       | C   D7 ||
```

Bridge

```
Em7       C
There she goes,
Em7            C
There she goes again:
    D   D7 G
She calls my name,
D    D7 Cmaj7
Pulls my train,
D  D7 G         D    D7   Cmaj7
No-one else could heal my pain.
    Am             Em
But I just can't contain
    C              D7
This feeling that remains.
```

Verse 3

```
G     D   Cadd9  D/F#
There she goes,
G            D     Cadd9  D/F#
There she goes again
G       D           Cadd9  G/B
Chasing down my lane
       Am  G        C
And I just  can't contain
     Am     G       C   D7
This feeling that remains.
```

Coda

```
G     D   Cadd9  D/F#
There she goes,
G     D   Cadd9  D/F#
There she goes,
G     D   C   D/F#  G
There she goes a  -  gain.
```

Things Have Changed

Words & Music by
Bob Dylan

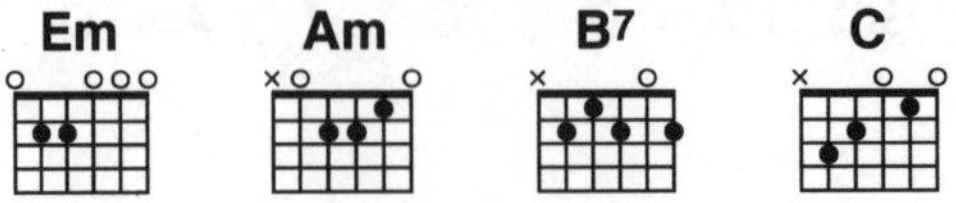

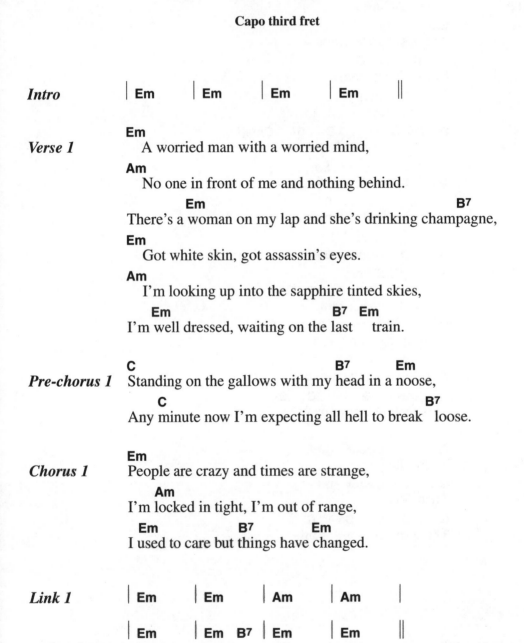

Capo third fret

Intro | Em | Em | Em | Em ||

Verse 1

```
Em
   A worried man with a worried mind,
Am
   No one in front of me and nothing behind.
            Em                                    B7
There's a woman on my lap and she's drinking champagne,
Em
   Got white skin, got assassin's eyes.
Am
   I'm looking up into the sapphire tinted skies,
     Em                          B7  Em
I'm well dressed, waiting on the last   train.
```

Pre-chorus 1

```
C                                   B7       Em
Standing on the gallows with my head in a noose,
     C                                        B7
Any minute now I'm expecting all hell to break  loose.
```

Chorus 1

```
Em
People are crazy and times are strange,
    Am
I'm locked in tight, I'm out of range,
  Em            B7         Em
I used to care but things have changed.
```

Link 1 | Em | Em | Am | Am |

| Em | Em B7 | Em | Em ||

```
               Em
Verse 2        This place ain't doing me any good,
                 Am
               I'm in the wrong town, I should be in Hollywood.
                 Em                                        B7
               Just for a second there I thought I saw something move.
                     Em
               Gonna take dancing lessons, do the jitterbug rag,
                  Am
               Ain't no shortcuts, gonna dress in drag,
                   Em                              B7        Em
               Only a fool in here would think he's got anything to prove.

               C                                 B7      Em
Pre-chorus 2   Lot of water under the bridge, lot of other stuff too,
               C                                    B7
               Don't get up gentlemen, I'm only passing through.

               Em
Chorus 2       People are crazy and times are strange,
                 Am
               I'm locked in tight, I'm out of range,
                Em           B7          Em
               I used to care but things have changed.

Link 2         | Em     | Em     | Am     | Am     |

               | Em     | Em  B7 | Em     | Em     ||

                       Em
Verse 3        I've been walking forty miles of bad road,
                  Am
               If the Bible is right, the world will explode.
                       Em                                         B7
               I've been trying to get as far away from myself as I can.
               Em
                  Some things are too hot to touch,
               Am
                  The human mind can only stand so much,
                   Em               B7    Em
               You can't win with a losing  hand.

                       C                               B7     Em
Pre-chorus 3   Feel like falling in love with the first woman I meet,
                         C                                    B7
               Putting her in a wheel barrow and wheeling her down the street.
```

Chorus 3

```
Em
People are crazy and times are strange,
   Am
I'm locked in tight, I'm out of range,
 Em             B7       Em
I used to care but things have changed.
```

Link 4

```
| Em    | Em    | Am    | Am    |
| Em    | Em B7 | Em    | Em    ||
```

Verse 4

```
 Em
I hurt easy, I just don't show it,
        Am
You can hurt someone and not even know it.
   Em                                          B7
The next sixty seconds could be like an eternity,
         Em
Gonna get low down, gonna fly high,
      Am
All the truth in the world adds up to one big lie.
     Em                                    B7    Em
I'm in love with a woman who don't even appeal to me.
```

Pre-chorus 4

```
   C                         B7           Em
Mr. Jinx and Miss Lucy, they  jumped in the lake,
C                  B7
  I'm not that eager to make a mistake.
```

Chorus 4

```
Em
People are crazy and times are strange,
   Am
I'm locked in tight, I'm out of range,
 Em             B7       Em
I used to care but things have changed.
```

Coda

```
| Em    | Em    | Am    | Am    |
| Em    | Em B7 ||
          Fade out
```

Waltz #2 (XO)

Words & Music by
Elliott Smith

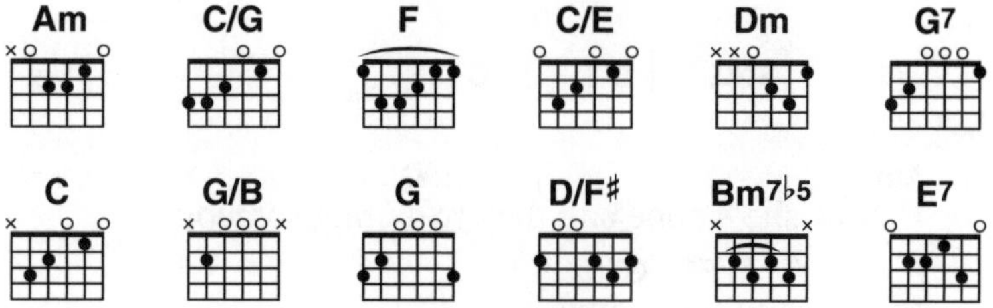

Tune guitar down a tone

Intro
Am	Am	Am	Am		Am	C/G	F	C/E
Dm	C/E	G7	C G/B	Am	C/G	F	C/E
F	C/E	G	C	C	C	C	

Verse 1
```
Am                         C
   First the mike, then a half cigarette
F           D/F♯     G7
Singing 'Cathy's Clown'.
             Dm                     Am
That's the man she's married to now,
Bm7♭5                         E7
   That's the girl that he takes around town.
        Am                         C
She appears composed so she is, I suppose,
F             D/F♯   G7
Who can really tell?
     Dm                   Am
She shows no emotion at all,
Bm7♭5                        E7
Stares into space like a dead china doll.
```

Chorus 1
```
Am             C/G     F            Am
   I'm never gonna know you now
     Dm           C          G7
But I'm gonna love you any - (how.)
```

Link 1 | Am | C/G | F | C/E | F | C/E | G |
- how.

| C | C/G | C | C ||

Verse 2

Am C
Now she's done and they're calling someone
F D/F♯ G7
Such a familiar name.
Dm Am
I'm so glad that my memory's remote
Bm7♭5
'Cause I'm doing just fine.
E7
Hour to hour, note to note.
Am C
Here it is, the revenge to the tune:
F D/F♯ G7 Dm
You're no good, you're no good,
Am
You're no good, you're no good.
Bm7♭5 E7
Can't you tell that it's well understood.

Chorus 2

Am C/G F Am
I'm never gonna know you now
Dm C G7
But I'm gonna love you any - (how.)

Link 2 | Am | C/G | F | C/E | F | C/E | G | C ||
- how.

Bridge

Dm F
Here today, expected to stay
C G/B Am
On and on and on.
Dm F
I'm tired, I'm tired.

```
                Am                                  C
*Verse 3*         Looking out on the substitute scene
                F     D/F#   G7
                Still going strong.
                     Dm          Am
                That's all more. ______
                Bm7b5                E7
                  It's okay, it's alright, nothing's wrong.
                Am                        C
                  Tell Mr Man with impossible plans
                     F      D/F#  G7
                To just leave me   alone
                     Dm                        Am
                In the place where I make no   mistakes,
                Bm7b5                      E7
                  In the place where I have what it takes.

                  Am          C/G   F         Am
Chorus 3        ||:  I'm never gonna know you now
                   Dm          C        G7   Am
                But I'm gonna love you any - how.  :||
                Am          C/G   F         Am
                   I'm never gonna know you now
                   Dm          C        G7
                But I'm gonna love you any - (how.)

Coda            | Am   | C/G  | F    | C/E  | F    | C/E  | G    | C    ||
                - how.
```

This Is A Low

Words & Music by
Damon Albarn, Graham Coxon, Alex James & David Rowntree

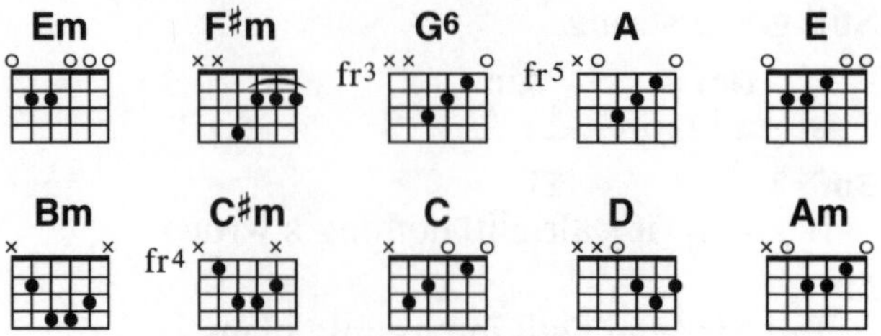

Intro | Em F♯m | G6 G6 —(slide) A | A | E | E

Verse 1

Bm A C♯m
And into the sea goes pretty England and me,
C Bm E
Round the Bay of Biscay and back for tea.
Bm
Hit traffic on the Dogger Bank,
A C♯m
Up the Thames to find a taxi rank,
C Bm E
Sail on by with the tide and go to sleep.

Chorus 1

D
This is a low
E Am Bm
But it won't hurt you,
E D
When you're alone
E Am Bm
It will be there with you,
C Bm E
Finding ways to stay so low.

Verse 2

```
                    Bm
On the Tyne, Forth and Cromarty
A                C#m
There's a low in the High Forties
    C                    Bm
And Saturday's locked away on the pier,
    E
Not fast enough dear.
            Bm
And on the Malin Head
A               C#m
Blackpool looks blue and red,
        C               Bm
And the queen she's gone round the bend,
            E
Jumped off Land's End.
```

Chorus 2 As Chorus 1

Instrumental

E	Bm	A	C#m	C	Bm
E	E	E	Bm	A	C#m
C	Bm	Em F#m	G6 G6 —(slide) A	A	

Chorus 3

```
E      D
This is a low
E         Am  Bm
But it won't hurt you,
E          D
When you're alone
E       Am   Bm
It will be there with you.
```

Chorus 4 As Chorus 1

Traffic

Words by Kelly Jones
Music by Kelly Jones, Richard Jones & Stuart Cable

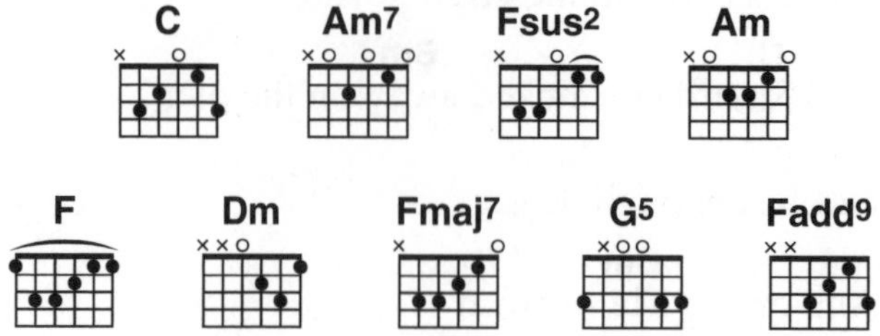

Intro | C | Am7 | Fsus2 | C ||

Verse 1

```
                        C
We all face the same   way,
                  Am
Still it takes all   day.
                       F
I take a look to my   left,
                             C
Pick out the worst and the   best.
                                  Am
She paints her lip greasy and   thick,
              F                          Dm       C
Another mirror stare and she's going where? _____
```

Verse 2

```
                      C
Another office affair?
                      Am
To kill an unborn    scare?
                        F
You talk dirty to a    priest,
                           C
It makes them human at    least.
                                                     Am
But is she running away to start a brand new    day?
                  Fmaj7                          Dm      C
Or's she going home, why's she driving alone? ____
```

Bridge 1

```
F          Dm    C
Is anyone going anywhere?
F            Dm
Everyone gotta be ___
C              Am7  Fsus2  C
Somewhere. __
```

Verse 3

```
                         C
She got a body in the   boot,
                     Am7
Or just bags full of food?
                       Fadd9
Those are model's legs
                                     C
But are they women's, are they   men's?
                                                       Am7
She shouts down the phone, missed a payment on the   loan.
                          Fmaj7                         Dm    C
She gotta be above the    rest, keeping up with the best. ___
```

Bridge 2

As Bridge 1

Solo

| G5 | Fsus2 | G5 | Fsus2 | Fsus2 | C ||

Verse 4

```
                     C
Wait tables for a crook
                          Fmaj7
Who wrote a hardback   book.
                           Am
D'you teach kids how to   read?
                           Fmaj7
Or sell your body on the   street?
                    C                    Am7
A nurse without a job? Another uptown   snob?
                         Fmaj7                          Dm        C
But have I got you all   wrong? One look and you were _  gone. ___
```

Bridge 3

```
     F          Dm    C
|: Is anyone going anywhere? :|   Play 3 times
F           Dm       N.C.
Everyone gotta be somewhere.
```

Coda

|: C | Am7 | Fsus2 | C :| *Play 3 times*

Tropicalia

Words & Music by
Beck Hansen

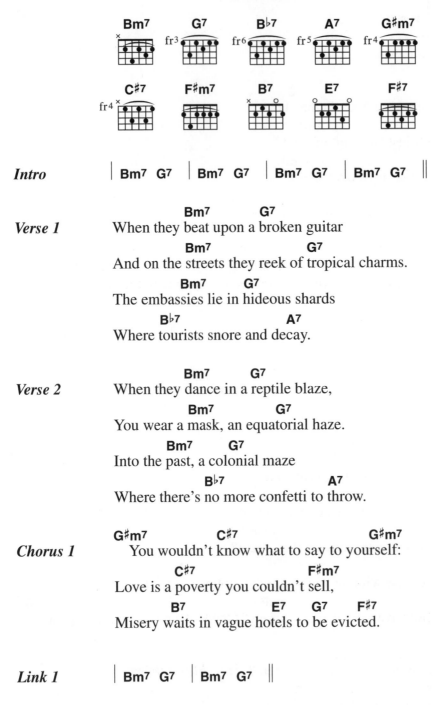

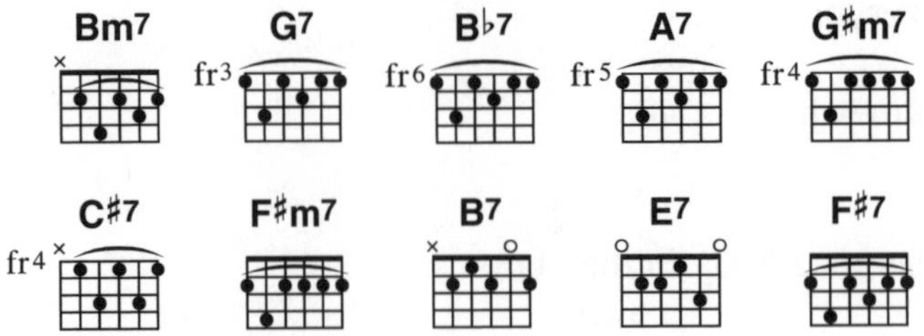

Intro | Bm7 G7 | Bm7 G7 | Bm7 G7 | Bm7 G7 ||

Verse 1

Bm7 G7
When they beat upon a broken guitar
Bm7 G7
And on the streets they reek of tropical charms.
Bm7 G7
The embassies lie in hideous shards
B♭7 A7
Where tourists snore and decay.

Verse 2

Bm7 G7
When they dance in a reptile blaze,
Bm7 G7
You wear a mask, an equatorial haze.
Bm7 G7
Into the past, a colonial maze
B♭7 A7
Where there's no more confetti to throw.

Chorus 1

G♯m7 C♯7 G♯m7
You wouldn't know what to say to yourself:
C♯7 F♯m7
Love is a poverty you couldn't sell,
B7 E7 G7 F♯7
Misery waits in vague hotels to be evicted.

Link 1 | Bm7 G7 | Bm7 G7 ||

Verse 3

```
                 Bm7                     G7
You're out of luck, you're singing funeral songs
          Bm7              G7
To the studs, they're anabolic and bronze.
                 Bm7             G7
They seem to strut in their millennial fogs
        B♭7               A7
'Til they fall down and deflate.
```

Chorus 2

```
G♯m7                   C♯7                        G♯m7
   You wouldn't know what to say to yourself:
             C♯7                   F♯m7
Love is a poverty you couldn't sell,
            B7                E7    G7     F♯7
Misery waits in vague hotels to be a victim.
```

Link 2

| Bm7 G7 | Bm7 G7 ||

Verse 4

```
Bm7         G7                       Bm7
   Oh, and now you've had your fun
            G7               Bm7
Under an air-conditioned sun,
     G7                Bm7
It's burned into your eyes,
               G7              Bm7
Leaves you plain and left behind.
     G7                B♭7
Oh, see them eyes and fall
          A7                 G♯m7
Into the jaws of a pestilent love.
```

Chorus 3

```
G♯m7                  C♯7                         G♯m7
   You wouldn't know what to say to yourself:
           C♯7                     F♯m7
Love is a poverty you couldn't sell,
          B7               E7    G7     F♯7
Misery waits in vague hotels to be evicted.
```

Coda

Percussion for eight bars

‖: Bm7 G7 | Bm7 G7 | Bm7 G7 | Bm7 G7 :‖ *Play 4 times*

| Bm7 ‖

Trouble

Words & Music by
Guy Berryman, Jon Buckland, Will Champion & Chris Martin

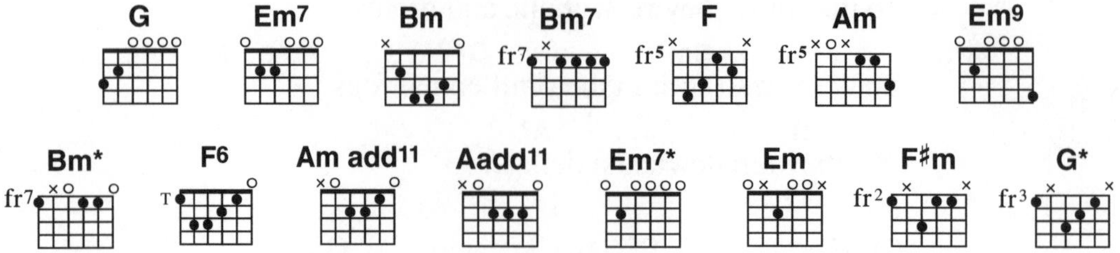

Tune top string down to D

Intro ‖: G Em7 | Bm | G Em7 | Bm :‖

Verse 1

G Em7 Bm7
Oh no, I see,
F Am G
A spider web is tangled up with me,
Em7 Bm7
And I lost my head,
F Am G
And thought of all the stupid things I'd said.

Link 1 | G Em7 | Bm | G Em7 | Bm ‖

Verse 2

G Em9 Bm*
Oh no, what's this?
F6 Am add11
A spider web, and I'm caught in the middle,
G Em9 Bm*
So I turn to run,
F6 Am add11 G
And thought of all the stupid things I'd done.

Chorus 1

```
            Aadd11                      Em7
And ah, I never meant to cause you trouble,
            Aadd11                    Em7
And ah, I never meant to do you wrong,
            Aadd11                     Em7
And ah, well if I ever caused you trouble,
         Aadd11                         Em7
Then oh, I never meant to do you harm.
```

Link 2

```
| G  Em7 | Bm      | G  Em7 | Bm      ||
```

Verse 3

```
G      Em9  Bm*
   Oh no,  I see,
  F6                 Amadd11
A spider web and it's me in the middle,
G        Em7       Bm*
   So I twist and turn,
    F6            Amadd11         G
But here I am in my little bubble.
```

Chorus 2

```
                Aadd11                          Em7
Singing out ah, I never meant to cause you trouble,
        Aadd11                        Em7
And ah, I never meant to do you wrong,
        Aadd11                       Em7
And ah, well if I ever caused you trouble,
         Aadd11                          Em7
Then oh no I never meant to do you harm.
```

Link 3

```
||: G  Em9 | Bm*     | G  Em9 | Bm*     :||
```

Coda

```
Em            F#m    G* F#m   Em
   And they spun a web for me,
            F#m    G* F#m   Em
And they spun a web for me,
            F#m    G* F#m   Em     | Em      |
And they spun a web for me.

||: G  Em7 | Bm*     | G  Em7 | Bm*     :||
```

Unintended

Words & Music by
Matthew Bellamy

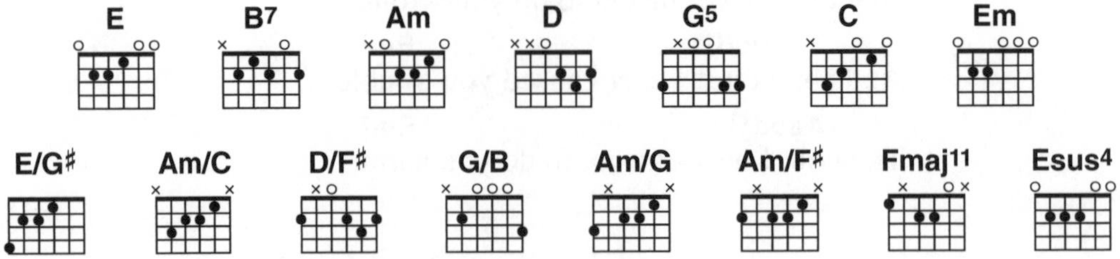

Intro | E | E | B7 | B7 ||

Verse 1

E Am
You could be my unintended
D G5
Choice to live my life extended,
C B7 E
You could be the one I'll always love.

Verse 2

E Am
You could be the one who listens
D G5
To my deepest inquisitions,
C B7 E
You could be the one I'll always love.

Chorus 1

Am
I'll be there as soon as I can,
D G5
But I'm busy mending
C B7 E
Broken pieces of the life I had before.

Verse 3

E Am
First there was the one who challenged
D G5
All my dreams and all my balance,
C B7 E
She could never be as good as you.

```
            E                  Am
*Verse 4*   You could be my unintended
            D                  G5
            Choice to live my life extended,
            C                  B7                E      Em   B7
            You should be the one I'll always love.

            E                 Am
*Chorus 2*  I'll be there as soon as I can,
            D              G5
            But I'm busy mending
                     C               B7            E
            Broken pieces of the life I had before.

            E               E/G#   Am       Am/C
*Chorus 3*  I'll be there ___ as soon as I can,
            D             D/F#   G
            But I'm busy   mending
               G/B    C            B7           E
            Broken pieces of the life I had before.

                          Am      | Am/G      | Am/F#     | Fmaj11    |
*Coda*      Before you. ___

            | Esus4    | Esus4    | E         | E         ||
```

Walkaway

Words & Music by
John Power

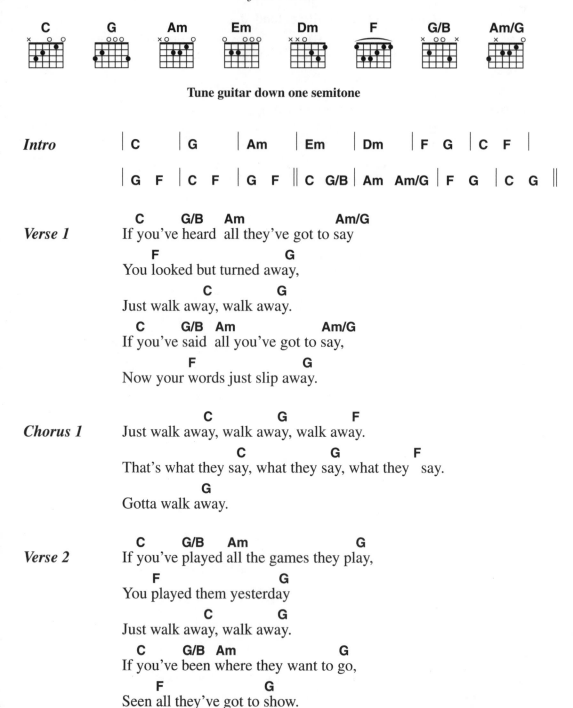

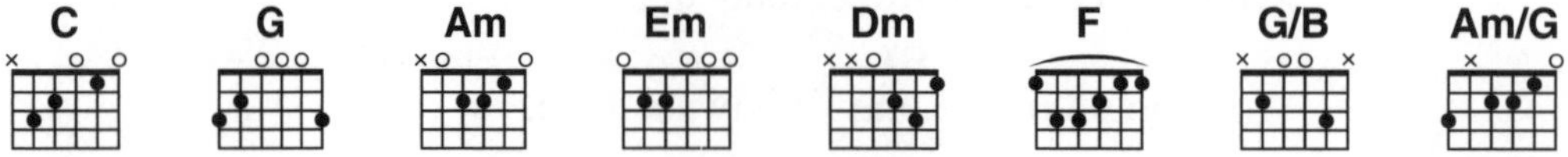

Tune guitar down one semitone

Intro | C | G | Am | Em | Dm | F G | C F |

| G F | C F | G F || C G/B | Am Am/G | F G | C G ||

Verse 1
C G/B Am Am/G
If you've heard all they've got to say
F G
You looked but turned away,
C G
Just walk away, walk away.
C G/B Am Am/G
If you've said all you've got to say,
F G
Now your words just slip away.

Chorus 1
C G F
Just walk away, walk away, walk away.
C G F
That's what they say, what they say, what they say.
G
Gotta walk away.

Verse 2
C G/B Am G
If you've played all the games they play,
F G
You played them yesterday
C G
Just walk away, walk away.
C G/B Am G
If you've been where they want to go,
F G
Seen all they've got to show.

Chorus 2 As Chorus 1

Guitar solo
C Em	Am Am/G	F G	C G
C Em	Am Am/G	F G	C G	
C	G	Am	Em	Dm	F G	C F

Bridge
G F C
Now you must believe me
F G
You'll never lose your dreams.
F C
So now you must believe me
F G
We'll never lose our dreams.

Verse 3
C G/B Am G
If you've proved all there is to prove,
F G
Got nothing left to lose.
C G
Just walk away, walk away.
C G/B Am G
If you've done all there is to do
F G
Ain't nothing left for you.

Chorus 3
C G F
Just walk away, walk away, walk away,
C G F
That's what they say, what they say, what they say.
C G F
Walk away, walk away, walk away,
C G F
That's what they say, what they say, what they say.
G
Gotta walk away
C
Today.

Where Did You Sleep Last Night

Words & Music by
Huddie Ledbetter

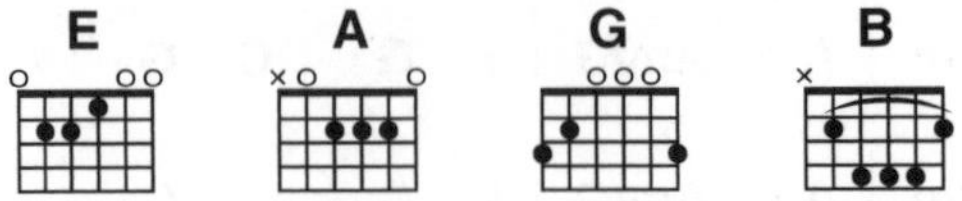

Tune guitar down one semitone

Intro | |: E | A G | B | E :| |

Verse 1

      E   A   G
My girl, my girl, don't lie to me,
            B   E
Tell me where did you sleep last night ?

"In the pines, in the pines
               A   G
Where the sun don't ever shine,
            B   E
I would shiver the whole night through."

Verse 2

      E   A   G
My girl, my girl, where will you go?
         B   E
"I'm going where the cold wind blows

In the pines, in the pines
               A   G
Where the sun don't ever shine,
            B   E
I would shiver the whole night through."

Verse 3

```
    E                           A    G
Her husband was a hard working man
     B                  E
Just about a mile from here.
                                A        G
His head was found in a driving wheel
          B                  E
But his body never was found.
```

Verse 4 As Verse 1

Instrumental 𝄆 E | A G | B | E 𝄇

Verse 5 As Verse 2

Verse 6 As Verse 1

Verse 7

```
    E                        A        G
My girl, my girl, where will you go?
      B                            E
 "I'm going where the cold wind blows

In the pines, in the pines
              A                 G
Where the sun don't ever shine,
            B      N.C.            E
I would shiver the whole night through."
```

Coda 𝄆 E | A G | B | E 𝄇

Way Over Yonder In The Minor Key

Words by Woody Guthrie
Music by Billy Bragg

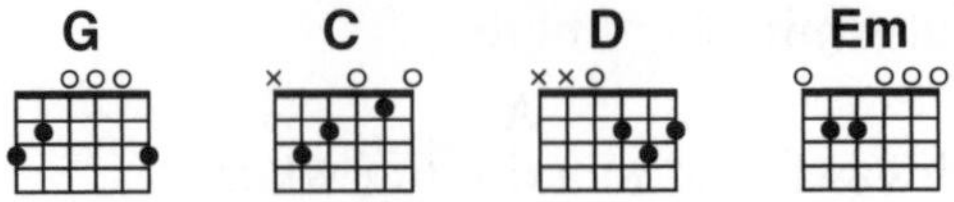

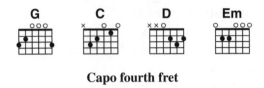

Capo fourth fret

Intro | G | C | C | G ||

Verse 1

```
    G                        C
I lived in a place called Ofuskee
                                    G
And I had a little girl in a hollow tree.
                              C
I said, "Little girl it's plain to see
                                 G
Ain't nobody that can sing like me,
D                                Em
Ain't nobody that can sing like me."
```

Verse 2

```
      G                     C
She said, "It's hard for me to see
                             G
How one little boy got so ugly."
                               C
"Yes my little girlie that might be
                                         G
But there ain't nobody that can sing like me,
      D                                  Em
There ain't nobody that can sing like me."
```

Chorus 1

```
C                              G
Way over yonder in the minor key,
Em                        D    G
Way over yonder in the minor key
      D                                  Em
There ain't nobody that can sing like me.
```

Verse 3

```
   G                              C
We walked down by the Buckeye Creek
                                   G
To see the frog eat the goggle-eyed bees,
                                       C
And hear that west wind whistle to the east.
                                      G
There ain't nobody that can sing like me,
D                               Em
Ain't nobody that can sing like me.
```

Verse 4

```
G                                   C
"Oh my little girlie will you let me see
                                    G
Way over yonder where the wind blows free?
                             C
Nobody can see in our hollow tree.
                                          G
And there ain't nobody that can sing like me,
      D                               Em
There ain't nobody that can sing like me."
```

Chorus 2

```
C                            G
Way over yonder in the minor key,
Em                     D     G
Way over yonder in the minor key
D                               Em
Ain't nobody that can sing like me.
```

Instrumental | C | G | Em D | G | D | Em | Em ||

Verse 5

```
     G                               C
Well Mama cut a switch from a cherry tree
                           G
And  laid it on to she and me:
                                   C
It stung lots worse than a hive of bees,
                                            G
But there ain't nobody that could sing like me,
D                                 Em
Ain't nobody that could sing like me.
```

Verse 6

```
   G                          C
Now I have walked a long, long ways
                                  G
But still look back to my Tanglewood days.
                               C
I've led lots of girls since then to stray
                                     G
Saying, "Ain't nobody that can sing like me,
D                              Em
Ain't nobody that can sing like me."
```

Chorus 3

```
C                          G
Way over yonder in the minor key,
Em                      D  G
Way over yonder in the minor key
     D                               Em
There ain't nobody that can sing like me.
C                          G
Way over yonder in the minor key,
Em                      D  G
Way over yonder in the minor key
     D                               Em
There ain't nobody that can sing like me,
D                              Em
Ain't nobody that can sing like me.
```

Coda

| D | Em | Em ||

Fade out

Where The Wild Roses Grow

Words & Music by
Nick Cave

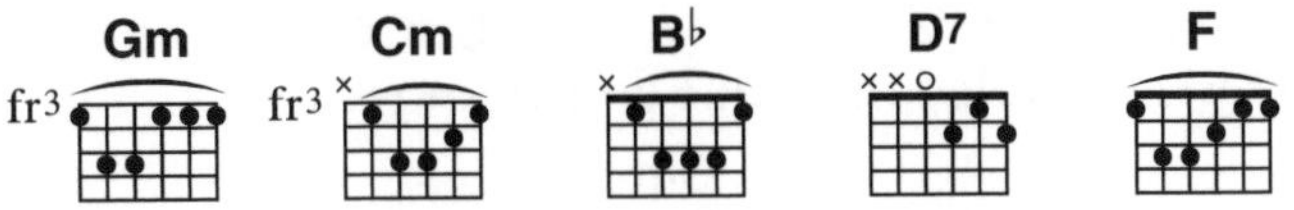

Intro **Strings**

Chorus 1

```
         Gm                       Cm Gm
They called me 'The Wild Rose'__
        B♭              D7
But my name was Eliza Day.
             Gm                     Cm  Gm
Why they called me it I do not know__
                   F    Gm
For my name was Eliza Day.
```

Verse 1

```
              Gm                         B♭
From the first day I saw her I knew she was the one
      Cm                 D7
She stared in my eyes and smiled,
          Gm                        B♭
For her lips were the colour of the roses
      Cm                      D7
That grew down the river, all bloody and wild.
```

Verse 2

```
              Gm                          B♭
When he knocked on my door and entered the room
      Cm                  D7
My trembling subsided in his sure embrace,
              Gm                  B♭
He would be my first man, and with a careful hand
     Cm                     D7
He wiped at the tears that ran down my face.
```

```
              Gm                       Cm Gm
Chorus 2      They called me 'The Wild Rose'__
                   B♭               D7
              But my name was Eliza Day.
                     Gm                       Cm  Gm
              Why they called me that I do not know__
                              F    Gm
              For my name was Eliza Day.

                  Gm                             B♭
Verse 3       On the second day I brought her a flower,
                           Cm                  D7
              She was more beautiful than any woman I'd seen.
               Gm                              B♭
              I said, "Do you know where the wild roses grow
              Cm                        D7
              So sweet and scarlet and free?"

                  Gm                             B♭
Verse 4       On the second day he came with a single red rose,
                     Cm                            D7
              He said, "Give me your loss and your sorrow?"
               Gm                 B♭
              I nodded my head as I lay on the bed.
                  Cm                           D7
              "If I show you the roses will you follow?"

                  Gm                       Cm Gm
Chorus 3      They called me 'The Wild Rose'__
                   B♭               D7
              But my name was Eliza Day.
                     Gm                       Cm  Gm
              Why they called me that I do not know__
                              F    Gm
              For my name was Eliza Day.

                  Gm                             B♭
Verse 5       On the third day he took me to the river,
                 Cm                               D7
              He showed me the roses and we kissed.
                    Gm                            B♭
              And the last thing I heard was a muttered word
                 Cm                         D7
              As he knelt above me with a rock in his fist.
```

```
               Gm                              B♭
Verse 6      On the last day I took her where the wild roses grow
               Cm                           D7
             She   lay on the bank, the wind light as a thief.
                 Gm                             B♭
             And I kissed her goodbye, said "All beauty must die"
                 Cm                            D7
             And I lent down and planted a rose 'tween her teeth.

                 Gm                   Cm Gm
Chorus 4     They called me 'The Wild Rose'__
                 B♭                D7
             But my name was Eliza Day.
                   Gm                   Cm  Gm
             Why they called me it I do not know__
                                  F    Gm
             For my name was Eliza Day.

                               F    Gm
Coda         My name was Eliza Day,
                                  F    Gm
             For my name was Eliza Day.
```

Whippin' Piccadilly

Words & Music by
Ian Ball, Paul Blackburn, Thomas Gray, Benjamin Ottewell & Oliver Peacock

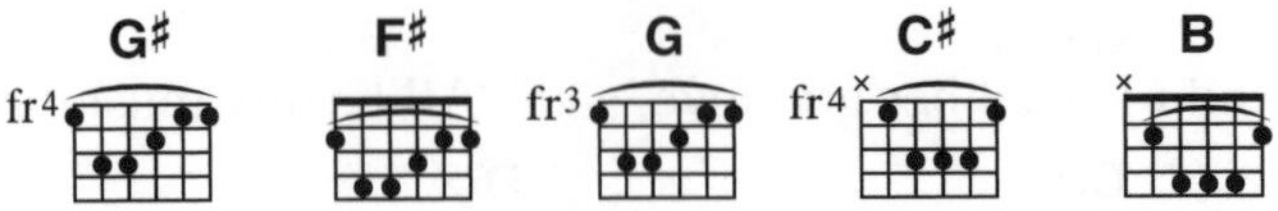

Intro ‖: G♯ | G♯ F♯ G | G♯ | G♯ F♯ G :‖

Verse 1

G♯
Once upon a time, not too long ago,
C♯
We took a day out in Manchester.
G♯ B C♯ G♯ F♯ G
We all fall down, there's not enough hours in our day.
G♯
Played a bit of football, fell into the Union,
C♯
Barged our way to the toilet
G♯
With the Kung Fu king,
B C♯ G♯ F♯ G G♯
There's not enough hours in our day.

Link 1 | N.C. | N.C. | N.C. | N.C. ‖

Verse 2

F♯ G G♯
I re - member seeing someone dressed in a suit
C♯
Looking like a lunatic,
G♯ B C♯ G♯
And we all fall down, there's not enough hours in our trip.
F♯ G G♯
"Well, academy cartwheel's breaking your hands,
C♯
We got lovely posters for sale."
G♯ B C♯ G♯ F♯ G
And we all fall down, there's not enough hours in our day.

```
             G♯                  F♯ G  G♯                  F♯  G
Bridge 1     We like loving yeah,      and the wine we share,
             G♯                  F♯ G  G♯                  F♯  G
             We like loving yeah,      and the wine we share.

Link 2       | N.C.     | N.C.     | G♯       | G♯  F♯ G ||

             ||: G♯     | F♯    G  | G♯       | F♯    G :||

             G♯
Verse 3      Finally made our way back to the train,
                                       C♯
             Rolling into Sheffield tonight.
                  G♯                  B           C♯        G♯     F♯  G
             And it all falls down, there's not enough hours in our   life.
               G♯
             So try and guess my weight and wait at the station.
                                          C♯
             We're whippin' Piccadilly tonight
                  G♯                  B          C♯       G♯
             And it all falls down, there's not enough hours in our life.

             G♯                  F♯ G  G♯                  F♯  G
Bridge 2     We like loving yeah,      and the wine we share,
             G♯                  F♯ G  G♯                  F♯  G  G♯
             We like loving yeah,      and the wine we share.
```

Writing To Reach You

Words & Music by
Fran Healy

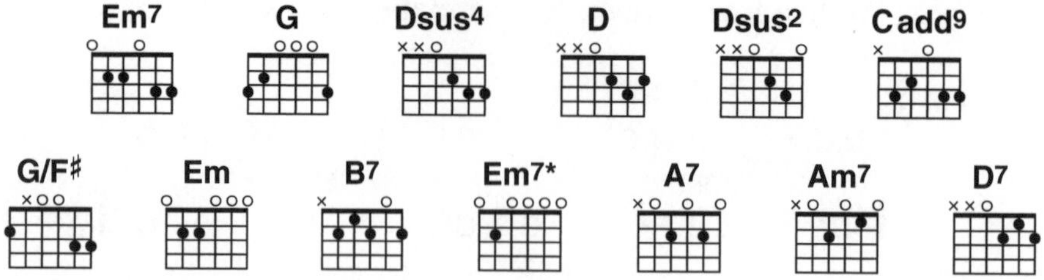

Capo second fret

Intro 𝄆 Em7 G | Dsus4 D Dsus2 D 𝄇 *Play 4 times*

Verse 1

```
Em7                    G                          Dsus4    D   Dsus2   D
Every day I wake up and it's Sunday, ________
        Em7                G                          Dsus4   D   Dsus2   D
Whatever's in my head won't go away. ________
       Em7        G                       Dsus4   D   Dsus2   D
The radio is playing all the usual, ________
        Em7                    G           Dsus4   D   Dsus2
And what's a wonderwall anyway? ________
```

Chorus 1

```
    D             G            Dsus4
Because my inside is outside,
      G                     Dsus4
My right side's on the left side,
                  Cadd9       G               G/F♯
'Cause I'm writing to reach you   now.
      Em                    B7
But   I might never reach you,
Em7*                A7          Am7          D7
Only want to teach you about you,   but that's not you.
```

Verse 2

```
      Em7                       G                            Dsus4          D   Dsus2   D
It's good to know that you are home for Christmas,
      Em7                       G                    Dsus4   D   Dsus2   D
It's good to know that you are doing well.____
       Em7                      G                            Dsus4      D   Dsus2   D
It's good to know that you all know I'm hurting, ________
        Em7                     G                    Dsus4    D        Dsus2
It's good to know I'm feeling not so ______ well.
```

```
                 D          G          Dsus4
Chorus 2     Because my inside is outside,
                  G                    Dsus4
             My right side's on the left side,
                          Cadd9     G         G/F#
             'Cause I'm writing to reach you   now.
                  Em                 B7
             But   I might never reach you,
             Em7*             A7         Am7        D7
             Only want to teach you about you,   but that's not you.
                       Am7              D7
             Do you know it's true?   But that won't do.


Solo         |: Em7  G  | Dsus4  D  Dsus2  D :|  Play 3 times

             | Cadd9  G  G/F#  | Dsus4  D  Dsus2  D ||


             Em7               G                    Dsus4    D  Dsus2  D
Verse 3      Maybe then tomorrow will be Monday,
                          Em7             G                  Dsus4  D  Dsus2  D
             And whatever's in my head should go ____ away,
                        Em7               G              Dsus4  D  Dsus2  D
             Still the radio keeps playing all the usual, ________
                    Em7                G            Dsus4  D  Dsus2
             And what's a wonderwall anyway?


                 D          G          Dsus4
Chorus 3     Because my inside is outside,
                  G                    Dsus4
             My right side's on the left side,
                          Cadd9     G         G/F#
             'Cause I'm writing to reach you   now.
                  Em                 B7
             But   I might never reach you,
             Em7*             A7         Am7        D7
             Only want to teach you about you,   but that's not you.
                       Am7              D7
             Do you know it's true?   And that won't do.
                    Am7             D7                  Am7     D7
             You know it's you   I'm talking to. _____


Coda         | Em7  G  | Dsus4  D  Dsus2  C ||
```

Yellow

Words & Music by
Guy Berryman, Jon Buckland, Will Champion & Chris Martin

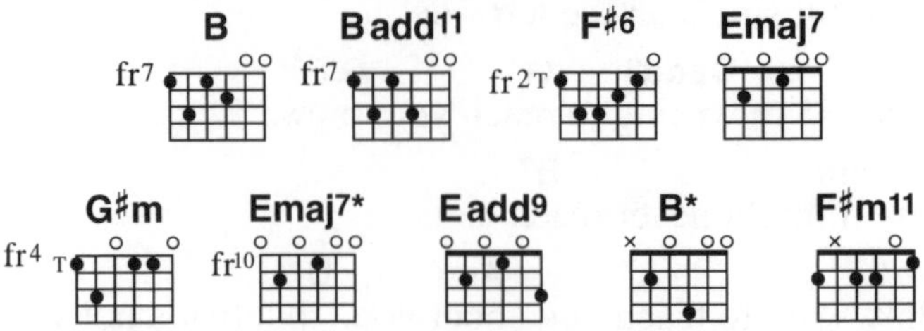

Tune guitar, starting from lowest string, to E, A, B, G, B, D#

Intro
| B | B Badd11 | B | B Badd11 || B | B add11 |
| F#6 | F#6 | Emaj7 | Emaj7 | B | B add11 ||

Verse 1

B F#6
Look at the stars, look how they shine for you
Emaj7
And everything you do,

Yeah, they were all yellow.
B F#6
I came along, I wrote a song for you
Emaj7
And all the things you do,

And it was called yellow.
B Badd11 F#6
So then I took my ___ turn,
Emaj7
Oh what a thing to've done
B Badd11 B
And it was all yellow.

Chorus 1

Emaj7 G#m F#6
Your skin, oh yeah, your skin and bones
Emaj7* G#m F#6
Turn into something beautiful,
Emaj7 G#m F#6 Emaj7
'N'you know, you know I love you so,
Eadd9
You know I love you so.

Link 1

```
| B      | B      | F#6    | F#6    |
| Emaj7  | Emaj7  | B      | B      ||
```

Verse 2

```
B                                 F#6
   I swam across, I jumped across for  you,
                          Emaj7
Oh, what a thing to do

'Cause you were all yellow.
B                   Badd11          F#6
   I drew a line, I drew a line for  you,
                       Emaj7
Oh, what a thing to do
                          B   Badd11  B
And it was all yellow.
```

Chorus 2

```
Emaj7       G#m              F#6
   Your skin,  oh yeah, your skin and bones
Emaj7*    G#m       F#6
   Turn into something beautiful,
Emaj7           G#m         F#6          Emaj7
   'N'you know?  For you I bleed myself dry,
Eadd9
     For you I bleed myself (dry.)
```

Link 2

```
| B      | B      | F#6    | F#6    |
  dry.
| Emaj7  | Emaj7  | B      | B      ||
```

Coda

```
   B                            F#6
It's true,  look how they shine for you,
                             Emaj7
Look how they shine for you, look how they shine for,
B                             F#6
   Look how they shine for you,
                             Emaj7
Look how they shine for you, look how they shine.
B*
   Look at the stars,
                             F#madd11
Look how they shine for   you
                               Emaj7
 And all the things that you ___ do.
```

You And Me Song

Words & Music by

Pär Wiksten, Fredrik Schönfeldt, Stefan Schönfeldt, Christina Bergmark & Gunnar Karlsson

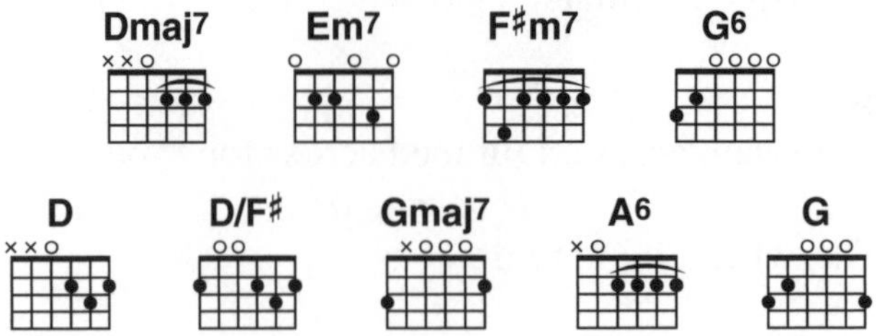

Verse 1

Dmaj7 Em7 F♯m7
Always when we fight I try to make you laugh
G6 Dmaj7
Till everything's forgotten: I know you hate that.

Link 1

N.C.
Bah bahda-da ba ba ba ba.
Dmaj7
Bah bahda-da ba ba ba ba.

Verse 2

Dmaj7 Em7 F♯m7
Always when we fight I kiss you once or twice
G6
And everything's forgotten: I know you hate that.
Dmaj7 Em7 F♯m7
I love you Sunday sun: the week's not yet begun
G6
And everything is quiet, and it's always:

Chorus 1

D Em7 D/F♯ Gmaj7
You and me, always and forever.
D Em7 D/F♯ Gmaj7
You and me, always and forever.
A6 Gmaj7 A6
Bah bah bah bah ba.
Gmaj7 A6 D Em7
It was always you and me,
D/F♯ Gmaj7
Always.

Verse 2

```
Dmaj7                  Em7                          F#m7
   You tell me I'm a real man, I try to look impressed:
             G6
Not very convincing but you know I love it.
Dmaj7                  Em7                 F#m7
   Then we watch T.V. until we fall asleep
            G6
Not very exciting, but it's:
```

Chorus 2

```
        D       Em7    D/F#  Gmaj7
You and me, and we'll always be together.
D       Em7   D/F#  Gmaj7
You and me, always and forever.
A6      Gmaj7  A6
Bah bah bah bah ba.
Gmaj7  A6
It was  always:
```

Chorus 3

```
D       Em7   D/F#  Gmaj7
You and me, always and forever
D       Em7   D/F#  Gmaj7
You and me, always and forever.
A6      Gmaj7  A6
Bah bah bah bah ba.
Gmaj7  A6
It was  always:
```

Chorus 4

```
D       Em7   D/F#  Gmaj7
You and me, always and forever.
D       Em7   D/F#  Gmaj7
You and me always and forever.
A6      Gmaj7  A6   G | Dmaj7     ||
Bah bah bah bah ba.
```

Your Ghost

Words & Music by
Kristin Hersh

Am G D

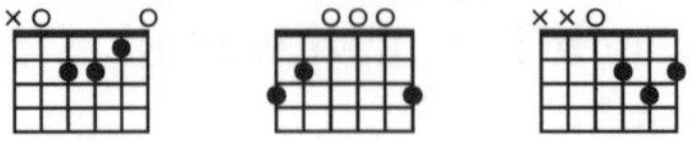

```
              Am               G        D          Am
Verse 1       If I walk down this hallway tonight it's too quiet,
                G           D       Am             G
              So I pad through the dark and call you on the phone,
              D            Am       G               D
              Push your old numbers   and let your house ring
              Am                G     D
              Till I wake your ghost.

                   Am                   G      D           Am
Verse 2        Let him walk down your hallway,   it's not this quiet,
              G                   D    Am              G
              Slide down your  receiver, sprint across the wire,
              D            Am      G           D
                 Follow my number, slide into my hand.

                   Am           G
Verse 3       It's the blaze across my nightgown,
              D       Am
                 It's the phone's ring.

Link 1        | G    D    | Am  G    | D     Am  | G    D    ||

              Am          G   D                     Am     G        D
Chorus 1         I think last night, you were driving circles, around me,
              Am          G   D                     Am     G        D
                 I think last night, you were driving circles, around me,
              Am          G   D                     Am     G        D
                 I think last night, you were driving circles, around me.
```

```
           Am                G          D          Am
Verse 4    I can't drink this coffee till I put you in my closet.
           G                  D   Am            G
           Let him shoot me down, let him call me off.
           D               Am      G              D
           I take it from his whisper   you're not that tough.

               Am               G
Verse 5    It's the blaze across my nightgown,
           D           Am      G
              It's the phone's ring.

Link 2     | D    Am | G    D   ||

           Am              G  D                Am       G       D
Chorus 2  {  I think last night, you were driving circles, around me,
          {  (You were in my dream,)
           Am              G  D                Am       G       D
          {  I think last night, you were driving circles, around me,
          {  (You were in my dream,)
           Am              G  D                Am       G       D
          {  I think last night, you were driving circles, around me,
          {  (You were in my dream,)
           Am              G  D                Am       G       D
          {  I think last night, you were driving circles, around me.
          {  (You were in my dream.)
           Am              G  D                Am       G       D
          {  I think last night, you were driving circles, around me.
          {  (You were in my dream.)

           | Am  G   ||
```

Wicked Game

Words & Music by
Chris Isaak

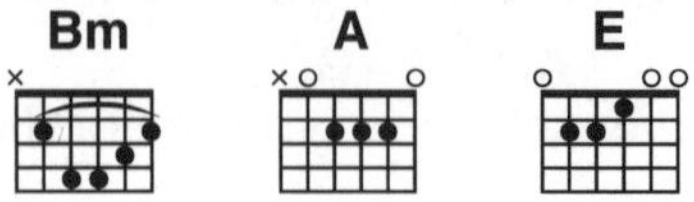

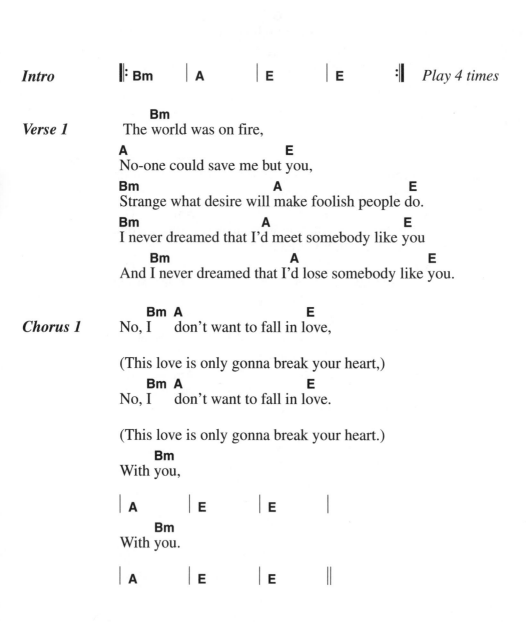

Intro ‖: Bm | A | E | E :‖ *Play 4 times*

Verse 1

Bm
The world was on fire,
A E
No-one could save me but you,
Bm A E
Strange what desire will make foolish people do.
Bm A E
I never dreamed that I'd meet somebody like you
Bm A E
And I never dreamed that I'd lose somebody like you.

Chorus 1

Bm A E
No, I don't want to fall in love,

(This love is only gonna break your heart,)
Bm A E
No, I don't want to fall in love.

(This love is only gonna break your heart.)
Bm
With you,

| A | E | E |

Bm
With you.

| A | E | E ‖

```
            Bm                A
Verse 2       What a wicked game you play
            E
              To make me feel this way.
            Bm                A
              What a wicked thing to do
            E
              To let me dream of you.
            Bm                 A
              What a wicked thing to say
            E
              You never felt this way.
            Bm                A
              What a wicked thing to do
            E
              To make me dream of you


                Bm  A                E
Chorus 2    And  I ___ wanna fall in love,

            (This love is only gonna break your heart,)
               Bm  A               E
            No, I ___ wanna fall in love

            (This love is only gonna break your heart.)

            With (you.)


Guitar Solo | Bm      | A       | E       | E       |
              you.

            ||: Bm    | A       | E       | E       :||  Play 3 times


                 Bm
Verse 3      The world was on fire,
            A                          E
            No-one could save me but you,
            Bm                        A                    E
            Strange what desire will make foolish people do.
            Bm                      A                    E
            I never dreamed that I'd love somebody like you
                Bm                      A                    E
            And I never dreamed that I'd lose somebody like you.
```

Chorus 3

```
     Bm A                E
No, I ___ wanna fall in love,

(This love is only gonna break your heart,)
     Bm A                E
No, I ___ wanna fall in love

(This love is only gonna break your heart,)
       Bm    | A          |
With you,
E
   (This love is only gonna break your heart,)
       Bm    | A          |
With you.
E
   (This love is only gonna break your heart,)
     Bm    A    E       | E          |
{ No, I; ______________________________________
                 (This love is only gonna break your heart,)
| Bm   A  | E          |
{ _________
              (This love is only gonna break your heart.)
```

Coda

```
Bm          A          E
   Nobody   loves no-one.
```


11/03 (49511)